DU

TRAVAIL LIBRE

ET DU

TRAVAIL FORCÉ

AUX COLONIES FRANÇAISES.

DU

TRAVAIL LIBRE

ET DU

TRAVAIL FORCÉ

AUX COLONIES FRANÇAISES,

PAR

M. LE PELLETIER DUCLARY,

PRÉSIDENT DU CONSEIL COLONIAL DE LA MARTINIQUE.

La culture des terres est le plus grand travail des hommes. Plus le climat les porte à fuir ce travail, plus la religion et les lois doivent y exciter. (MONTESQUIEU, *Esprit des Lois, livre* XIV, *chap.* 6.)

Il faut donc borner la servitude naturelle à certains pays particuliers de la terre. Dans tous les autres, il me semble que, quelque pénibles que soient les travaux que la société y exige, on peut tout faire avec des hommes libres (*même ouvrage*, *liv.* XV, *chap.* 8.)

PARIS,

IMPRIMERIE D'AD. BLONDEAU, RUE RAMEAU, 7,

PLACE RICHELIEU.

1841

OBSERVATIONS PRÉLIMINAIRES.

Au moment où le ministère, pressé par les abolitionistes, vient d'instituer une commission gouvernementale chargée d'examiner les mesures à proposer législativement sur la question de l'esclavage, j'ai considéré comme opportun de publier quelques réflexions qui se rattachent à cette immense question.

Placé à la tête du corps représentatif d'une des Antilles françaises, magistrat chargé de présider la cour souveraine qui y rend la justice au nom du roi, n'ai-je pas, dans cette circonstance, des obligations sacrées à remplir, et ne dois-je pas chercher, autant qu'il est en moi, à mettre en garde l'opinion métropolitaine, quand il s'agit de prononcer sur les destinées de ma malheureuse patrie?

Comme conseiller colonial, je tâcherai d'établir par des faits, par l'autorité et le témoignage des publicistes les moins récusables, que l'émancipation ne produirait que les résultats les plus désastreux pour l'esclave comme pour le maître.

Comme magistrat, je demanderai que l'esclavage, tel qu'il existe de nos jours, soit examiné par des juges impartiaux, exempts de tout esprit de parti, et qui n'aient point leur popularité engagée dans ce grand débat; je demanderai que ce soit au nom de la vérité et de la justice qu'on statue, s'il faut ou s'il ne faut pas émanciper, si l'époque est arrivée ou n'est pas encore arrivée de prendre des mesures d'exécution.

En présence des périls qui l'environnent, le colon ne peut plus se taire; il doit signaler l'écueil, tirer le canon de détresse, et appeler tout le monde au secours. Si j'ai fait connaître ici mes titres, c'est afin de faire connaître aussi mes devoirs.

DU
TRAVAIL LIBRE
ET DU
TRAVAIL FORCÉ
AUX COLONIES FRANÇAISES.

CHAPITRE PREMIER.

INDEMNITÉ, MAINTIEN DU TRAVAIL.

L'expérience d'un passé florissant et heureux a perdu son autorité devant les paradoxes des novateurs du jour. Il ne s'agit plus de savoir comment les sociétés coloniales subsistent, et les mesures hygiéniques que leur tempérament exceptionnel commande à la science gouvernementale; le système conservateur est un système vermoulu. Ce qui est maintenant à la mode, ce sont les révolutions ; il faut, coûte qu'il coûte, que le plus petit pays ait la sienne. L'Angleterre a bouleversé ses colonies occidentales ; elle a donné le mot d'ordre à la France, et la France, notre planète-patrone, nous entraîne à notre tour dans la sphère des transformations sociales. Pour arriver plus vite au but qu'elle se propose, elle a sauté par dessus toutes les difficultés. Toutefois, il a bien fallu s'arrêter devant une barrière infranchissable : *la question de l'indemnité.*

Elle s'est présentée, bien mal à propos sans doute, sur le passage des émancipateurs, et une des roues de leur char aurait pu se briser contre un tel obstacle. Le sophisme, la fausse philanthropie, la mauvaise foi sont bien venus en aide, comme autant de leviers puissants ; mais qu'on y prenne garde, ce n'est pas là le seul embarras sérieux : au bout de la carrière se trouve un abîme inévitable, au fond duquel les hommes et les choses disparaîtront ; je veux parler du *travail libre.*

En effet, ce serait à tort que l'on considérerait l'indemnité comme la plus embarrassante de toutes les questions coloniales. Les chambres métropolitaines n'ont qu'à vouloir être *justes et équitables*, dans toute l'acception grammaticale et académique de ces deux mots, les maîtres se courberont devant la loi qui prononcera leur expropriation. Mais là ne doit point se borner le grand œuvre que s'est proposé la métropole. Pour l'accomplir, pour y mettre la dernière main, il faut que ses regards s'étendent par delà l'émancipation ; il faut qu'elle cherche à rasseoir la société qu'elle va déplacer, qu'elle élève un autre édifice avec les matériaux de l'ancien édifice qu'elle aura démoli; il faut enfin procéder à une création nouvelle, repêtrir l'Africain, le faire sortir du néant avec les instincts, les mœurs, les goûts européens, et l'initier au mouvement rapide des idées de progrès, d'activité et de perfectionnement, si peu compatibles avec les conditions premières de son organisation : *Hoc opus, hic labor est !*

Pour savoir si un pareil problème peut se résoudre, et si l'on parviendra à en saisir l'*inconnue*, il ne faut que jeter un coup d'œil rapide sur le passé et le présent des colonies; leur avenir sera bien vite jugé. Il sera facile de décider, avec les données que nous avons, si les résultats que se promettent les émancipateurs seront un jour avoués par la morale, la justice et l'humanité; ou si, par suite d'une expérience aussi mémorable que celle qui a lieu dans les possessions anglaises, nous ne devons pas, pour être vrais, déclarer à la métropole que la cestion du travail, et par conséquent la ruine des colonies françaises, sera la conséquence inévitable de l'émancipation des noirs.

CHAPITRE II.

DU TRAVAIL FORCÉ, DE L'INFLUENCE MORALE DU MAITRE.

Le travail forcé a été imposé au monde, c'est une des nécessités de toute existence.

L'homme gagnera son pain à la sueur de son front; tel a été l'arrêt de la Providence, qui lui a créé des besoins afin qu'il travaillât pour les satisfaire, et, chose admirable! ces besoins, tout en se modifiant, se font également sentir dans toutes les conditions de la vie. Le riche et l'ambitieux sont pressés par la soif de l'or, celle des grandeurs, tandis que l'artisan et le prolétaire sont aiguillonnés par la crainte de voir leur famille et eux-mêmes manquer du plus strict nécessaire. Pour l'esclave, qui est à l'abri de toute appréhension, qui est nourri, soigné, vêtu et logé, il a fallu qu'il trouvât un autre stimulant dans l'influence morale du maître.

Ce n'est donc que par une pure subtilité, si ce n'est par une erreur grossière, qu'on a distingué le *travail libre* du *travail forcé*, et que dans cette dernière catégorie seulement, on a compris le travail de la terre en général par toute espèce d'individus; et particulièrement par le noir esclave.

Nous disons d'abord par toute espèce d'individus; car, pour qui a vu dans certaines provinces de la France des hommes, et même des femmes, s'atteler aux charrues, à l'instar des bêtes de somme, il reste démontré que la tâche du nègre, dans les colonies, est moins pénible et moins avilissante (1). Jamais il ne lui est arrivé de suppléer au service du bétail, qui, autant que les localités peuvent le permettre, concourt, en nombre plus que suffisant, à l'allégement et à la prompte exécution des travaux de la terre. Si donc la position du paysan, en France, n'est point une sorte d'esclavage, le plus souvent c'est quelque chose de pis. De là l'opinion généralement établie que rappelle Bernardin de Saint-Pierre dans ses *Etudes de la nature* : « En Europe, dit-il, le tra-« vail des mains déshonore ; celui même de labou-« rer la terre y est le plus méprisé de tous. Un

(1) M. de Lamennais, en parlant des misères du peuple, en France, a dit (c'est en décembre 1839 qu'il a écrit ceci) : « Dans « l'effective réalité, nous en sommes encore à la solution « païenne du problème social, à l'esclavage des nations anti-« ques, atténué seulement et déguisé sous d'autres noms et « sous d'autres formes. » (*De l'Esclavage moderne*, p. 26 et 27.)

« artisan y est bien plus estimé qu'un paysan. » (*Etudes de la nature*, tome IV, p. 163).

Telle est la marche des idées : on est venu à préférer à la charrue de ses pères une place d'avocat, d'homme de lettres, de député, de conseiller d'état ou d'ambassadeur. Ce qui n'empêche pas que dans de beaux discours académiques ou de tribune, et dans des pièces de théâtre on ne fasse pompeusement l'éloge de l'art qui nourrit les hommes, et qu'honorent, seulement du bout des lèvres, les *Fabricius* et les *Cincinnatus* de nos jours.

Il n'y aurait rien de surprenant qu'un semblable exemple augmentât l'aversion innée du nègre pour le travail, en lui insinuant l'idée chimérique d'une position meilleure, et en l'armant contre cette force morale qui le fait agir. Si, jusqu'à un certain point, il n'est pas permis de déclarer que ce soit là le vœu des émancipateurs, du moins pouvons-nous dire que c'est le résultat inévitable de toutes les concessions que l'on propose en faveur de l'esclavage.

Cependant, lorsque parmi les hommes il s'en trouve qui, comme les nègres, d'après le témoignage du même auteur que nous venons de citer : *sont en général très inférieurs aux autres nations par les qualités de l'esprit ; n'ont pas d'industrie, ne perfectionnent aucune espèce de culture, n'exercent aucun de nos arts libéraux*, etc., etc. (1), n'est-il pas rationnel et convenable que, dans l'intérêt même de cette humanité dont on désire tant le perfectionnement, ces individus soient placés sous une direction sage, prévoyante, protectrice, qui les assouplisse aux lois du devoir, en même temps qu'elle veille à leurs besoins et à leur avenir? Abandonnés à leur nature inintelligente, ils eussent été perdus pour la civilisation. Chez les Européens, n'y a-t-il pas des mineurs, des incapables, des interdits, dont la position particulière réclame les soins et la sollicitude du gouvernement ou des plus sages citoyens? Ce qui est une exception dans les sociétés civilisées ne peut-il pas être la règle générale dans un pays aussi barbare que l'Afrique?

L'influence morale du maître sur l'esclave africain a été une tutelle nécessaire. Avec une patience admirable, elle a, durant un laps de plus de deux cents ans, greffé un à un sur cette nature sauvage les premiers devoirs de l'homme envers Dieu, envers ses supérieurs, envers ses semblables. Elle l'a dotée progressivement d'une religion, d'un instinct d'ordre et de conservation; elle l'a façonnée au travail et à la discipline, et c'est elle encore qui, au milieu des agitations dont les idées nouvelles sont

(1) Bernardin de Saint-Pierre, *Etudes de la nature*, t. Ier, p. 473.

venues empoisonner l'existence de l'esclave, le défend aujourd'hui contre ses propres excès.

Lorsque l'Européen est venu poser sa tente dans les colonies, l'esclave africain s'y est abrité avec lui, et a commencé, dans le sanctuaire domestique, l'apprentissage des mœurs patriarchales, comme aux jours de l'antiquité hébraïque. On peut dire que le premier anneau de l'esclavage colonial a été suspendu au foyer de la puissance paternelle. Il en est résulté que la distinction des classes n'a jamais été en principe une cause de perturbation, de haine et de vengeance. Aussi est-il un autre pays où la société ait trouvé plus de sécurité et de confiance en elle-même? un autre pays où l'on dorme les portes ouvertes sans craindre d'être pillé ou assassiné? un autre pays où l'on parcourre les grandes routes, la nuit, sans redouter les voleurs? un autre pays enfin où le propriétaire reste seul chez lui, sans aucune défense, à la discrétion de ses esclaves, qui tous sont armés de coutelas?

L'influence morale, en un mot, a été une seconde Providence pour les nègres des colonies, qui se seraient entretués, si elle n'était pas intervenue dans leurs querelles et leurs collisions journalières; quand elle aura disparu, le travail aura cessé. La force d'inertie reprendra tout son empire ; les nègres ne recevant plus des blancs l'impulsion et la lumière, rentreront dans la barbarie primitive, semblables à ces scarabées qui sortent de leur coquille au lever du soleil, et qui s'y réfugient lorsqu'un nuage ramène l'obscurité.

Que les abolitionistes y prennent garde : dans cette espèce de croisade qu'ils entreprennent aux colonies, sous le prétexte de réhabiliter les droits de l'homme dans le nègre déchu, ce n'est pas un tombeau qu'ils viennent conquérir, mais un tombeau qu'ils viennent fonder, tombeau où seront inhumés, avec l'influence morale du maître qui aura été détruite, les instincts sociaux du nègre ; tombeau sur lequel la barbarie africaine, debout comme un sphinx affreux, défendra éternellement à la civilisation d'approcher !

CHAPITRE III.

DU TRAVAIL LIBRE.

Nous avons dit que l'homme ne travaille jamais de son plein gré, ni par un excès d'amour pour le travail. Ce qui le prouve, c'est que du moment où il est parvenu à satisfaire les nécessités de sa position sociale, ce qu'il désire le plus, c'est l'exemption de tout labeur. Qui est-ce qui, en Europe, fait fonctionner le *travail libre?* C'est un maître mille fois plus sévère que celui des colonies, c'est la crainte de mourir de faim. La somme de travail varie en raison des mœurs, des habitudes, des localités. En Angleterre, par exemple, le paysan qui veut vivre dans l'aisance travaille plus que celui du midi de la France, où la vie animale, qui est presque tout, s'obtient à meilleur compte. Aux colonies, l'entretien du nègre émancipé se renfermerait aussi dans d'étroites limites. Travailler seulement pour boire et manger, consacrer le reste du temps à ne rien faire, c'est là un éternel obstacle à toute civilisation. Ecoutons plutôt Diderot, dont l'autorité peut être ici de quelque poids : « Si l'homme ne « trouvait aucun obstacle à satisfaire ses besoins, « chaque fois qu'il les aurait contentés, il retom- « berait dans sa première indifférence, il n'en res- « sortirait que lorsque le sentiment de ses besoins « renaissants l'agiterait, et la facilité d'y pourvoir « n'aurait pas besoin de lumières supérieures à « l'instinct de la brute, il n'aurait pas été plus so- « ciable qu'elle. » (*Code de la nature*, tome Ier, page 15.) *Ipse dixit*, le maître l'a dit; le maître, en fait de nivellement des conditions humaines !

L'assimilation, en ce qui touche la contrainte, étant établie entre le travail forcé et le travail libre, dira-t-on qu'il existe une distinction qui se tire de ce que l'un est salarié, tandis que l'autre ne l'est pas? Nous pensons que l'argument n'est pas sérieux, car tout le monde sait que le paysan, en France, ne se livre à un travail *continu* que pour se procurer à grand'peine ce que le maître fournit abondamment à l'esclave, qui a encore la faculté de disposer d'une partie de son temps.

Il y a plus, le travail forcé offre cet avantage : qu'en astreignant le nègre à une tâche quotidienne, il l'habitue à faire chaque jour quelque chose pour son maître et quelque chose pour lui. Il est à remarquer, en effet, sur les habitations, que les nègres qui s'utilisent le plus pour eux-mêmes sont aussi ceux qui s'utilisent le plus pour le propriétaire. Plus ils ont de ressources créées, plus ils doivent se procurer de jouissances; et comme il est reconnu, dans l'intérêt du travail *continu*, qu'il faut que les productions du sol qu'ils exploitent puissent s'échanger contre des objets aussi coûteux, nécessairement ils emploieront en achats de luxe tout leur pécule, lorsqu'ils n'ont rien à débourser pour avoir des vêtements convenables, les soins d'un médecin en cas de maladie, une case pour s'abriter et des terres pour cultiver.

Livré à lui-même, l'esclave fera comme le paysan européen, et fera moins encore que lui, le climat n'exigeant pas impérieusement qu'il se chauffe, qu'il s'abrite, qu'il se couvre. Dans l'abondance comme en disette, l'ouvrier de France et d'Angleterre est le même. Quand les gages sont élevés, la nourriture abondante, l'amour de l'oisiveté l'emporte; il passe des jours entiers dans la débauche. L'ouvrier de France, pour excuser sa paresse, dit : *Il y a des hospices;* celui d'Angleterre dit : *N'avons-nous pas la loi sur les pauvres?*

Avouons-le donc, le travail libre a enfanté la loi sur les pauvres et ouvert les hospices; la loi sur les pauvres et les hospices ont nourri et abrité la paresse. Sur trois cent trente millions d'habitants des différents états de l'Europe, on compte quatorze millions de pauvres, dont un sixième sur la population de l'Angleterre, et un dix-huitième sur celle de la France.

Est-ce dans notre société, où le travail forcé garantit tous les individus contre la nécessité, qu'on voit tant de gens qui, pressés par la misère, s'asphyxient, demandent la bourse ou la vie sur les grandes routes, ou vont se jeter à la Seine?

Est-ce dans notre société, où le travail forcé fournit à chacun son pain quotidien, assure à chacun un abri pour reposer sa tête, que le magistrat, fermant son cœur à la pitié, est obligé de punir celui qui mendie une chétive nourriture, celui qui erre sans asile? (1)

(1) On amène devant le juge une créature humaine, hâve, défaite, amaigrie, dont quelques sales lambeaux de vêtement déguisent à peine la nudité. « Vous avez, lui dit le juge, été trouvée tendant la main, ou couchée la nuit sur la voie publique? » La créature humaine explique d'une voix éteinte que manquant de travail, ou incapable de travailler à cause de l'âge ou de la maladie, il lui fallait bien ou mourir ou recevoir d'autrui un secours charitable; que, sans asile aucun, sans parents, sans amis, elle est tombée de lassitude et d'épuisement au coin de la rue. « Sans asile! reprend le juge; la loi a prévu ce cas, vous êtes à ses yeux coupable de vagabondage; délit donc de mendicité, délit de vagabondage, tous deux punis de l'emprisonnement. » (M. de Lamennais, *Esclavage moderne*, p. 38, 51.)

Lorsqu'on veut à toute force détrôner le travail forcé pour inaugurer à sa place le travail libre, parlerons-nous de l'état actuel de la population qu'on soumet à cette épreuve? Nos fastes judiciaires témoignent assez de la multiplicité des crimes et des délits qui se commettent depuis 1830. Des enlèvements de bestiaux, jusqu'alors inconnus dans nos campagnes, se répètent chaque jour; de jeunes affranchis de dix à quinze ans, s'organisant par bandes dans nos villes, pénètrent dans les maisons la nuit, à l'aide d'escalade, et dérobent, avec une audace peu commune, tout ce qu'ils trouvent sous leur main (1). Des maisons de débauche s'élèvent et s'organisent. La pudeur publique s'étonne de l'établissement d'un trafic nouveau dans ces contrées, celui de la prostitution à tout venant, qui

(1) On peut jeter les yeux sur cet avis du maire de la ville de Fort-Royal. « Les vols importants et de plus en plus nombreux commis de nuit dans les maisons de la ville, font un « devoir à l'autorité municipale d'engager les habitants de Fort-« Royal à assurer d'une manière plus soigneuse et plus com-« plète la fermeture de leurs maisons.

« Quelques légères dépenses suffiront pour mettre l'intérieur « des maisons et des magasins à l'abri des risques signalés, et « contre lesquels l'autorité sera impuissante, si les particuliers « n'aident pas eux-mêmes à leur propre sûreté.

« Fort-Royal, le 11 janvier 1841.

« Le maire de la ville, LEMAIRE. »

jette aux égouts de nos cités les malheureux nouveaux-nés dont elle ne sait que faire. Il n'est pas jusqu'au crime d'altération de monnaie ayant cours légal qui ne soit maintenant à l'ordre du jour ! Aux assises de Saint-Pierre (Martinique), en septembre 1839, une jeune femme de couleur, de vingt-deux ans, nouvellement affranchie, était accusée de vol domestique avec des circonstances aggravantes. Interrogée par le président sur les circonstances de son crime, elle avoua que le produit de son travail étant insuffisant pour subvenir à sa nourriture et à celle de son enfant en bas âge, elle s'introduisait, pressée par la faim, dans les maisons, à l'aide de fausses clefs, pour y prendre des comestibles. Elle déclara que lorsqu'elle était esclave, il ne lui était jamais arrivé de se livrer à ces coupables habitudes, parce qu'alors elle se reposait sur son maître du soin de pourvoir à ses nécessités et à celles de son enfant.

Nous citons ici un exemple, entre mille, pour prouver qu'au point de perfectionnement où est arrivé le régime des noirs des habitations, ce régime vaut cent fois mieux qu'une liberté qui conduit à la dégradation.

On peut le dire, sans crainte d'être démenti, il n'est arrivé à aucun Européen de venir inspecter l'intérieur des colonies sans être obligé de convenir que le sort des nègres, sous le rapport matériel, est plus heureux que celui des paysans; et à ceux qui n'ont pas vu les choses de leurs propres yeux, souvent il suffit d'entendre le récit véridique de voyageurs impartiaux pour se laisser convertir à la foi des colons propriétaires d'esclaves.

Il ne reste donc que les rêveurs systématiques, qui de *parti pris* ferment les yeux et les oreilles afin de rester inflexibles dans leur opinion. Mais alors qu'ils disent ce qu'ils veulent mettre à la place du bien qui est assuré? Nous croyons fort qu'il ne s'agit que d'une question de mots. Est-ce l'esclavage qui les effraye?...

Nous savons la puissance des *mots* en France; qu'on change celui de l'*esclavage*, qu'on le remplace par un autre; mais, par intérêt pour le noir, qu'on ne lui enlève point la tutelle du blanc.

CHAPITRE IV.

DU MAINTIEN DE L'ESCLAVAGE AFRICAIN.

Il existe en France des Catons de nom, qui, à l'exemple de Caton le censeur, ne donnent jamais leur avis dans nos sénats sans ajouter : *Delenda est Carthago*, phrase qui peut se traduire aujourd'hui par ces mots : *Il faut détruire les colonies*, en y détruisant l'esclavage.

Et telle est l'inflexibilité d'opinion de ces hommes politiques du jour, que la plupart d'entre eux avouent les avantages matériels acquis aux noirs par l'institution de l'esclavage, vont même jusqu'à convenir que le sort de ces derniers est beaucoup plus assuré que celui des paysans de France, conçoivent tous les dangers d'une transformation sociale aux colonies, et, après avoir écouté le récit des difficultés inextricables que cette mesure susciterait, répondent ingénument : *Il est possible que cela soit*; mais sans cesser pour cela de faire entendre leur éternel refrain : *Delenda est Carthago*, il faut détruire les colonies !

Il en est qui, sans se donner la peine de connaître par eux-mêmes ce que c'est que l'esclavage colonial, ont embrassé par entraînement la nouvelle religion des abolitionistes. Lorsque ces adeptes de la propagande grégorienne rencontrent sur leur chemin de ces hommes impartiaux qui ont vu de près et étudié les choses d'outre mer, ils craignent que leur conviction politique ne s'ébranle à leur contact, et s'éloignent en leur disant de la meilleure foi du monde : « Je me sauve, car vous pourriez « bien finir par me faire revenir d'erreurs qui me « sont chères, et par me convertir. »

Il en est qui ne sont point encore débarbouillés de ce préjugé menteur, à savoir : que l'abolition de la traite doit amener infailliblement la dépopulation des colonies, et qui vivent de cette idée, dont une expérience de chaque jour prouve la fausseté : à savoir que l'émancipation des colonies anglaises doit fatalement entraîner celle des nôtres; attendu que nos ateliers ne pourraient rester tranquilles (quoique jusqu'à présent ils n'aient cessé de l'être) en face des nègres anglais devenus libres.

Cependant l'importance des colonies pour la prospérité de l'empire français, contestée d'abord, ne peut plus trouver aujourd'hui dans le monde économique de sérieux contradicteurs.

Ceux qui ont considéré les colonies comme une charge pour la métropole et une occasion de guerre pour elle, ont professé une opinion démentie par l'histoire. De toutes les guerres entreprises depuis 1627, c'est-à-dire dans l'espace de plus de deux cents ans, il ne faut excepter que celle de 1756 appelée la guerre de *sept ans*, qui commença dans le Canada, et pendant laquelle une partie des colonies françaises passa sous la domination anglaise.

On ne peut ignorer (car cela a été répété trop souvent) que les colonies supportent la totalité de leurs dépenses, excepté celles de souveraineté et de protection. Elles paient le gouvernement colonial, le culte, la justice, les ponts et routes, la police, qui, en France, sont à la charge du trésor. Les colonies font en outre des avances à la métropole, auxquelles ne sont point assujettis aucun département. Qu'on jette les yeux sur la recette des douanes pour le sucre et le café des colonies, elle outrepasse la contribution foncière de beaucoup de départements réunis; qu'on joigne à cet avantage pour la France celui qu'elle retire de la consommation exclusive de ses produits manufacturés, il en résulte un mouvement commercial qui va au delà de cent millions.

L'évidence de ces faits ressort, à suffire, d'un excellent écrit de M. le comte de Vaublanc, qui a pour titre : *Du commerce maritime considéré sous le rapport de la liberté entière du commerce, et sous le rapport des colonies.*

L'utilité des colonies étant bien reconnue, nous arrivons à la question de savoir si elles peuvent subsister sans le maintien de l'esclavage africain.

Qu'il nous soit permis de faire connaître ici le sentiment d'un auteur dont le libéralisme est aussi ardent que celui des novateurs actuels, qui, paraissant oublier que l'esclavage est une nécessité sociale au point de vue des mœurs de certains peuples, ont pris à tâche de lui demander compte, comme à toutes les institutions préexistantes et consacrées par le temps, de son origine et de son droit.

« La question de l'esclavage (en Afrique) dit « l'abbé de Pradt, est un abîme... On ne peut en « déraciner le principe; il existe de fait; IL EST NÉ- « CESSAIRE en lui-même. » (Page 257, tome Ier *Des colonies.*)

« Le travail du nègre est indispensable aux colo- « nies; il est l'être nécessaire de ces contrées. Dès « que l'on a eu des colonies, il a fallu choisir entre « ces deux choses : les nègres ou l'abandon. On ne « se figure pas plus Saint-Domingue sans nègres, « que la Beauce ou la Brie sans charrues. »(P. 259.)

« Le travail et les produits du sol sont, aux colo-
« nies comme en Europe, la première et principale
« richesse... Les colonies à sucre des Antilles
« étaient *impossibles* sans nègres. » (Page 198.)

Qui ne connaît les opinions philanthropiques de Bernardin de Saint-Pierre. Certes ce n'est pas de son amour pour l'humanité, qu'un grand écrivain aurait pu dire comme du négrophilisme de nos jours, que c'était *la fausse monnaie de la charité*. Voici comment il s'exprime au sujet des nègres :

« Il semble que quelque destinée les condamne à
« l'esclavage. On croit reconnaître en eux l'effet de
« cette ancienne malédiction écrite au livre de la
« Genèse. (Chap IX, verset 25.) Ils la confirment
« eux-mêmes par leur tradition. » (Page 472, t. Ier, *Etudes de la Nature.*)

Plus loin, voulant faire allusion au peu de succès de la civilisation européenne en Afrique, le même auteur ajoute, à la page 474 : « Il faut, après tout,
« qu'une Providence particulière préserve le patri-
« moine de ces enfants de Chanaan de l'avidité de
« leurs frères, les enfants de Sem et de Japhet ; car
« il est étonnant que nous autres surtout, enfants
« de Japhet, qui, comme des cadets, cherchons
« fortune par tout le monde, et qui, suivant la bé-

« nédiction de Noé, notre père, nous logeons jus-
« que dans les tentes de Sem, notre aîné, nous
« n'ayons pas établi des colonies dans une partie
« de la terre aussi belle que l'Afrique, si voisine de
« nous, où la canne à sucre et la plupart des pro-
« ductions de l'Amérique et de l'Asie peuvent
« croître, et enfin où les *esclaves sont tout portés*.

« Les politiques attribueront les différents ca-
« ractères des nègres et des Européens à telles causes
« qu'il leur plaira; pour moi, je le dis du fond de
« mon cœur, je ne connais point de livres où il y
« ait des monuments plus certains de l'histoire des
« nations et de celle de la nature que la Genèse. »

Quoiqu'on nous ait reproché, à l'occasion de notre réponse à M. de Tocqueville, d'avoir voulu justifier l'esclavage par le droit divin, par la malédiction de Noé sur la race de Cham, nous aimons mieux l'avouer ici, dût un organe de la presse métropolitaine nous avertir encore que de *semblables arguments ne sont pas destinés à faire fortune de l'autre côté de l'Océan;* il nous semble que les paroles d'un observateur tel que l'auteur des *Etudes de la Nature* ont acquis une autorité nouvelle, lorsqu'on réfléchit aux inutiles sacrifices qu'a nécessités la conquête de l'Algérie et à l'insuccès des armes françaises sur la terre africaine.

En voulant prouver au monde entier que la race africaine était digne de la liberté, l'Angleterre n'en a fait que des citoyens paresseux et vagabonds. Chacun se suffisant à soi-même et vivant de peu de chose, la consommation, cette condition *sine quâ non* de toute production a été tout à fait annihilée. On peut le demander aux manufacturiers de Manchester, de Birmingham et de Glasgow, qui ne reçoivent plus d'échanges; attendu qu'il n'y a pas d'exportations de là où il n'y a pas d'importations. C'est la Martinique, à l'heure qu'il est, qui fournit à Sainte-Lucie et à la Dominique, le sirop, le sucre et le café pour leur usage, et qui bientôt peut-être sera appelée, ainsi que la Guadeloupe, à en fournir à tout l'archipel anglais. Que faut-il conclure de ceci : c'est que l'Angleterre, en brisant l'esclavage, a brisé l'aiguillon du travail colonial.

Elle ne s'est pas arrêtée assez longtemps, quoiqu'elle ait réfléchi pendant près de cinquante ans à l'émancipation, devant ces deux grandes difficultés de localité, à savoir le manque de population et la surabondance des terres aux Indes Occidentales.

De deux choses l'une : il faudrait pouvoir détruire, sous les tropiques, les productions simultanées de la terre; ou augmenter la population de telle sorte que la nourriture devînt rare et que le travail devînt une contrainte.

Les Anglais ont tenté inutilement l'un de ces moyens, comme nous le rappellerons plus tard, puisque les nègres ont déserté la culture pour une vie nomade ; quant à l'autre, il ne serait réalisable que si l'on triplait la population des Antilles.

Or, dans l'état possible des choses, n'est-on pas forcément ramené, malgré soi, au maintien du *statu quo* (1) plutôt que d'aller s'engager, comme les Anglais, dans des voies praticables? Ce n'est donc pas sans y avoir sérieusement réfléchi que les conseils coloniaux ont déclaré qu'ils ne trouvaient pas de meilleur mode pour la conservation des richesses créées et la protection de tous les intérêts, que la continuation du patronage des maîtres.

On répond en disant que si le gouvernement de la Grande-Bretagne a échoué, on doit s'éclairer de

(1) Un fait remarquable, qui ressort de la situation actuelle des trois sortes de colonies qui se trouvent dans nos mers, prouvera ce que nous avançons ici. Dans les colonies espagnoles, où l'esprit d'innovation n'a pas encore pénétré, où la constitution primitive est respectée, on voit régner la plus grande prospérité; ce sont ces colonies qui font vivre en quelque sorte leur métropole. Dans les colonies françaises, où les expérimentations se continuent, le malaise est général, la gêne y est extrême. Dans les colonies anglaises, où le bill d'émancipation a reçu sa pleine et entière exécution, on ne trouve plus que ruines et barbarie.

son exemple, pour ne pas tomber dans les fautes qu'il a commises.

Mais, outre qu'on ignore si la marche nouvelle que l'on prendra sera meilleure, ne serait-ce pas, en toute conscience, avoir une trop haute idée de la science économique, en France, que d'aller jusqu'à croire que notre gouvernement résoudrait avec plus de succès le problème de l'émancipation que nos voisins, qui ont des hommes d'état pour le moins aussi remarquables que les nôtres, hommes spéciaux qui ont vu de près l'esclavage, en ont étudié les conditions, et ont préparé l'essai de la liberté pendant un demi-siècle ?

On nous promet d'établir un système de coercition pour le travail, quand l'émancipation sera proclamée. Mais les colonies auront vécu alors ; tous les liens seront rompus entre le maître et l'esclave ; l'influence morale de l'un aura été détruite, la contrainte morale chez l'autre aura disparu. Plus de garantie pour personne. Les moyens coercitifs seront des remèdes administrés après la mort.

Ceci nous conduit naturellement à jeter un coup d'œil rapide sur les divers systèmes des abolitionistes français, qui, loin d'être découragés par la déconfiture de l'Angleterre, se croient plus infaillibles qu'elle en fait d'émancipation.

CHAPITRE V.

DE L'ÉMANCIPATION GOUVERNEMENTALE CONSIDÉRÉE COMME LE PLUS GRAND *dissolvant* DU TRAVAIL.

Le gouvernement veut l'abolition de l'esclavage, il s'affranchit sur cette question de l'avis des conseils coloniaux. Son parti paraît irrévocablement pris.

Peut-être nous fera-t-on la grâce de nous consulter sur le mode à employer, c'est-à-dire sur la manière dont il faut que nous mourions.

Quels sont les projets couvés et éclos jusqu'ici sous les aîles des abolitionistes?

Les malheureux colons ont à choisir entre l'émancipation anglaise, l'émancipation Gasparin, l'émancipation Passy, l'émancipation Rémusat et l'émancipation Tocqueville.

La première a été jugée, et ses tristes résultats ont entièrement dérouté la secte des imitateurs.

La seconde, en admettant la possibilité du rachat successif des six jours de travail par l'esclave, le place dans une position mixte, que le nègre français n'aurait jamais pu s'expliquer. En effet, conçoit-on ce *Janus* nouveau, qui aurait eu une face tournée vers la liberté, une autre tournée vers la servitude; qui eût été libre et esclave de deux jours l'un; qui, pendant la moitié de la semaine, se fût appartenu à lui-même, et, durant l'autre moitié, eût obéi à un maître. En vain chercherait-on tant de flexibilité et d'abnégation chez le nègre pour jouer ce double rôle. L'utopie de M. Gasparin est le rêve d'un homme qui écrivait sur l'émancipation des colonies, comme Reynal a écrit sur les deux Indes, sans sortir de Paris.

Quant à la troisième, qui proclame l'affranchissement des enfants à naître, en renversant cet axiome consacré : *Partus sequitur ventrem*, qui soumet ordinairement l'état de l'enfant à celui de la mère; elle tarit les sources de la génération et déshérite le berceau des soins précieux de notre administration patriarchale, en même temps qu'elle devient l'occasion des plus tristes jalousies de famille. En effet, lorsqu'il est reconnu que l'enfant parvenu à l'âge de dix ans a déjà coûté plus de 1,200 francs au maître, serait-ce une somme de 500 francs, allouée par M. Passy, qui nous déciderait à continuer un patronage aussi pénible et des sacrifices qui outrepasseraient de plus de moitié l'indemnité promise? En second lieu, serait-il juste, serait-il convenable que la mère restât dans l'esclavage, lorsque son enfant, aux portes de la vie, serait appelé à la liberté? Ne serait-elle pas frappée de stérilité, à la seule idée de donner le jour à un être sur lequel, dans sa position exceptionnelle, elle ne pourrait exercer aucune discipline, sans encourir la prévention d'avoir frappé un libre, et la chance d'être citée en police correctionnelle. Un projet empreint d'une telle immoralité devrait faire rougir celui qui l'a conçu.

La quatrième se propose de faire passer l'esclave par l'instruction religieuse, le pécule légal, le mariage et le contrôle d'une haute inspection à l'effet de le purifier pour la liberté. Mais nous avons déjà eu l'honneur de démontrer à M. de Rémusat que le purgatoire dans lequel il voulait envoyer le noir des colonies n'était qu'une vieille invention renouvelée des premiers colons qui se sont établis aux Antilles (1). Depuis plus de deux siècles, c'est-à-dire depuis le berceau des colonies jusqu'à nos jours, les nègres ont été mis à même de recevoir une instruction religieuse convenable, d'avoir un pécule dont personne ne leur a contesté la propriété, de se marier quand leur vocation les portait

(1) Voir mon rapport en réponse à celui de M. de Rémusat, dans la séance du conseil colonial du 15 octobre 1838.

à se fonder une famille, et d'être inspectés sur les habitations par les délégués de l'autorité supérieure. Ce n'est donc pas la faute de personne s'ils ne sont pas plus avancés dans la civilisation, et si M. de Rémusat, pour leur donner une impulsion plus vive vers la liberté, n'a rien trouvé de mieux que de substituer au système de M. Passy les mêmes mesures que celles déjà mises en œuvre par les colons eux-mêmes.

Nous arrivons enfin aux conclusions de M. de Tocqueville. Nous avons déjà essayé de les combattre au nom d'une commission nommée par le conseil colonial de la Martinique (1). Mettre le gouvernement au lieu et place du maître, après avoir indemnisé ou *secouru* ce dernier, comme parle le député de la Manche, est une fiction que le nègre français n'acceptera jamais, car elle est incompatible avec les idées qu'il s'est faites sur le concours du gouvernement en ce qui le touche. Son opinion bien arrêtée est celle-ci : *Point d'état intermédiaire possible entre l'esclavage et la liberté*. Savez-vous ce qui l'a amené à penser ainsi, ce sont les actes du gouvernement lui-même. C'est la loi du 12 juillet 1832

(1) Voir mon rapport en réponse à celui de M. de Tocqueville, au nom d'une commission instituée par le conseil colonial de la Martinique, dans sa séance du 16 décembre 1839.

qui a proscrit la catégorie des noirs *patronés*; c'est la jurisprudence de la cour de cassation, qui déclare que l'homme ne peut participer à la fois de l'esclavage et de la liberté, et que le doute doit plutôt s'interpréter en faveur de la jouissance des droits civils et politiques ; c'est le régime suivi à l'égard des nègres dits *nègres du roi* dans les colonies, où le travail était peu ou point imposé à ceux-ci, si ce n'est moyennant une prime d'argent qui se traduisait en salaire ; c'est l'ordonnance du 5 janvier 1840, dans laquelle la sollicitude du gouvernement établit un *patronage* spécial pour l'esclave, patronage qui tend à diminuer les droits du maître, et à en créer de certains pour l'esclave; c'est enfin le privilége de l'autorité magistrale, que le nègre croit inhérent à la qualité de colon, et dont il ne pense pas que le gouvernement puisse jamais se revêtir, fût-ce même pour un temps donné. Ainsi, quelque promesse qu'on lui fît, quelque garantie qu'on lui offrît pour un avenir peu éloigné, le nègre français, en sortant de la puissance du maître, croirait entrer, à pleines voiles, dans le port de la liberté, sans s'inquiéter des obstacles et des liens dont l'action gouvernementale voudrait retarder sa course.

Une émancipation semblable, forcément abrupte,

ainsi que nous venons de le démontrer, qui ne serait point préparée par le temps et les mœurs du pays, deviendrait la réalisation du système sauvage de l'égalité absolue « qui n'est au fond, comme dit « M. de Lamennais, qu'un système de destruction « absolue ; car, après avoir détruit la société en dé- « truisant les distinctions sociales, les passions, ja- « louses des distinctions naturelles que la mort « seule efface, détruiraient l'homme même, et fi- « niraient par établir sur un sol désert, dans le si- « lence des tombeaux, la lugubre égalité du néant. » (*Essai sur l'indifférence*, t. Ier, p. 349.)

Diderot, qui a bien quelque affinité avec les idéologues de l'abolition, s'exprime à peu près dans le même sens : « Si par liberté on entend une entière « indépendance qui exclue absolument tout rap- « port d'un homme à un autre, je dis que cette li- « berté serait un état de parfait abandon ; alors plus « de société...... En général, dans la société, l'un « naît faible, délicat, mais spirituel et industrieux ; « l'autre est fort et robuste, mais *il a besoin de con-* « *seil.* » (*Code de la nature*, p. 77, 78, t. Ier.)

Rompez tous les liens entre le maître et l'esclave ; que le système colonial tombe en lambeaux déchiré par la main des abolitionistes, et l'on arrive à cet état d'*abandon* et de *néant*.

Or, comment le colon ne s'opposerait-il pas de toutes ses forces à ce mouvement des idées, appelé si improprement le *progrès*, lorsque le but social auquel aspirent les novateurs n'est pour lui qu'un abîme ? N'est-ce pas, en effet, sur le terrain des hypothèses que s'agite la question coloniale ? N'est-ce pas sur un sable mouvant qu'on veut jeter les premiers fondements d'un nouvel édifice ? Qu'est-ce qu'une transformation sociale qui, sans tenir compte du passé, espère se servir à elle-même de principe et de fin ? Qu'est-ce qu'une idée abolitioniste qui ne se fonde que sur l'infortune fabuleuse des noirs, sur la tyrannie des maîtres, sur le principe d'une liberté qui doit infailliblement devenir stérile et funeste pour l'esclave ? L'orgueil de quelques rêveurs, aveugles et sourds, a jeté cette idée aux peuples, espérant que sur le sol brûlant des révolutions, en ces temps de crise et de transition où nous vivons, elle porterait des fruits, des fruits de mort sans doute ; car, dans un temps où l'activité des sociétés modernes, à défaut de guerres, se porte sur l'exploitation du monde par le travail, l'idée abolitioniste est une idée stérile, une idée perturbatrice, puisqu'elle réhabilite la paresse et donne naissance à toutes les mauvaises passions. Que si on opposait qu'elle s'est popularisée au point d'être adoptée par l'opinion publique, nous aurions le droit de demander si l'opinion publique, que nous considérons comme bien loin de s'être prononcée à l'égard de l'émancipation, prenant le change sur la vérité, sur les intérêts bien entendus du maître comme de l'esclave, est la seule autorité dont on ne puisse redresser les erreurs et qui soit dispensée d'avoir raison.

Non, sans doute, nous ne désespérons point, lui faisant un appel, de modérer l'entraînement d'une fausse conviction à notre égard. La raison d'un peuple éclairé comme le peuple français doit se refuser à l'inauguration de la liberté sur nos rivages par le désordre, la spoliation et le baptême de sang.

Dans une critique historique, fort judicieuse, de M. Paul Lamache, on lit ces mots : « La liberté « est une laborieuse jouissance. Pour l'affranchi, « qu'elle isole dans sa faiblesse et qu'elle dévoue « aux misères et aux désordres d'une existence in- « cessamment menacée par la famine, elle peut être « un don funeste, si on la départit sans prévoyance « et sans mesure. L'esclavage a ses avantages rela- « tifs. Les émancipations d'esclaves ont jeté dans « la nécessité une foule d'hommes dont toute la « vie est une lutte douloureuse contre les nécessi- « tés matérielles, sans propriété, presque sans tra-

« ditions, qui ne tiennent ni au passé, ni au sol, « instrument de travail que le maître emploie « moyennant salaire, mais dont il ne nourrit pas « la vieillesse invalide, dont il n'a pas intérêt à ré- « parer les forces défaillantes : assez d'autres se « présenteront aux portes de l'atelier pour rempla- « cer le malade. Les émancipateurs d'esclaves ont « donc singulièrement compliqué le problème so- « cial, en favorisant les développements du prolé- « tariat et du paupérisme. » (*Revue de Paris* du 17 mars 1839.

Ainsi le gouvernement, cédant aux vaines suscep- tibilités des émancipateurs, sous prétexte de ven- ger la dignité humaine, qui, soit dit en passant, ne se trouve pas le moindrement compromise dans la position actuelle de l'esclave, mieux pourvu, plus heureux que le paysan d'Europe, va mettre en doute le maintien du travail, celui des richesses créées, le principe de la propriété et l'avenir colo- nial.

Et nous désespérerions de nous faire entendre de l'opinion publique en France, lorsque l'un de ses organes réformistes les plus avancés, les plus progressifs disait dernièrement aux électeurs de Li- moges : « Je veux l'abolition de tout ce qui est « mauvais, la conservation de tout ce qui est bien. « Honneur au travail ! Au travail, source de toutes

« les richesses qui se distribuent entre les citoyens; « au travail, principe de toute moralité ! Honneur « au droit de propriété ! Le jour où il n'y aurait plus « de propriété, le travail n'aurait plus de sanc- « tion. J'ajoute : sans la propriété, le travail est « impossible; le travail trouve dans la propriété « son légitime salaire, il y puise ses moyens d'ac- « tion les plus puissants. » (MICHEL, de Bourges.)

Ne serait-ce pas une véritable cruauté, en même temps qu'une immoralité profonde, que d'échanger la position assurée de trois cent mille individus contre la misère, cette incertitude du lendemain; contre l'oisiveté, contre la barbarie et tous les crimes qu'ils ignorent encore? Non, mille fois non; l'opinion publique, pour plaire à quelques ambitions désordonnées, ne saurait consentir à devenir la complice d'une telle aberration, et la société entière, au nom de qui on se pose les apôtres, laissera à ceux qui l'ont trompée la responsabilité d'un acte aussi désastreux.

Dans un moment où il s'agit de substituer partout la vapeur aux forces vivantes, dans un moment où il n'est question que des théories anglo-américaines qui créent des ouvriers-machines, sera-t-il encore donné à l'agriculture, au commerce, à l'industrie, dans le cas d'un affranchissement général, d'employer tant de bras devenus désormais inutiles?

Le colon, même en présence de toute l'économie apportée à la main d'œuvre par les procédés mécaniques, était tenu de nourrir, de soigner et de loger l'ouvrier esclave. La jouissance des droits de l'homme procurera-t-elle à ce dernier l'occasion de travailler (à supposer qu'il le veuille)? L'empêchera-t-elle de mourir de faim, lorsqu'il n'aura plus un maître qui récompensera son labeur en subvenant à tous ses besoins? Il faudra donc qu'il fasse comme l'ouvrier de la métropole, qu'il couche sur la borne, dans la rue, et qu'il mette le paupérisme à l'ordre du jour. Il faudra qu'il retourne en Afrique, sa patrie première, dont il ne voulait plus entendre parler; il faudra qu'il renonce à cette idée de quitter les colonies anglaises, où la liberté règne avec la misère sa compagne, pour venir se ranger sous le régime paternel de nos ateliers, afin de goûter encore l'esclavage et le bonheur.

Qu'on nous permette de rappeller ici quelques réflexions analogues au sujet qui nous occupe.

« Il y a des gens, dit un écrivain, homme d'es-
« prit, qui demandent des droits politiques pour
« le peuple. Le premier droit qu'on doit donner au
« peuple, c'est le droit de manger, et pour cela il
« ne faut pas lui faire détester, quitter ou négliger
« son travail pour de vaines théories. Il y a une
« partie du peuple qui sait lire aujourd'hui; on se

« plaît à nommer cela *émancipation.* Jusqu'ici, les
« lumières du peuple n'ont servi qu'à le rendre
« dupe et esclave des divers morceaux de papier
« imprimés qu'on lui met dans les mains....... Je
« découvre, avec douleur, que le peuple instruit
« (on prétend qu'il l'est) est un peu plus bête que
« le peuple ignorant; et je ne vois pas, à ces désor-
« dres aussi fâcheux dans leurs résultats que ridi-
« cules dans leur cause, que ledit peuple ait changé
« depuis le temps de Moïse.» (Alphonse KARR.)

CHAPITRE VI.

SEULE ÉMANCIPATION RATIONNELLE ET POSSIBLE, CELLE DU MAITRE.

Il y a des nécessités sociales qui dominent les principes. En écartant donc toute déclamation philosophique, et en ne considérant le fait de l'esclavage que comme une preuve forcée de l'inégalité des conditions humaines, nous arriverons à reconnaître que pour renverser l'ordre de choses établi, et faire disparaître cette institution qui a été et qui sera toujours un des éléments de toute société naissante, il faut ou une commotion violente qui livre aux chances et aux périls du hasard tous les intérêts à la fois, ou des mesures réfléchies et progressives qui modifient lentement et sans secousse les mœurs, les habitudes et les préjugés, bases de toute civilisation. Il n'y a pas, je pense, aux yeux de l'humanité et de la sagesse, à balancer entre ces deux voies ouvertes. Quand le gouvernement prend part à ces crises humanitaires et y intervient pour jouer un rôle, il est de sa nature de procéder par la force et de briser les obstacles au lieu de les éviter. Quand ce sont les instincts du pays qui agissent, quand c'est la société elle-même qui se réforme et se réglemente, semblable au corps humain qui devine souvent, sans le secours du médecin, les remèdes les plus efficaces contre ses souffrances; les innovations dont elle exprime le besoin sont toutes pratiques, exécutables, d'une réalisation possible, si ce n'est prompte.

Avant 1830, la législation locale était avare d'affranchissements; le gouvernement ne donnait sa sanction qu'à prix d'argent; le bon vouloir du maître se trouvait souvent paralysé à l'égard de l'esclave qu'il croyait digne du bienfait de la liberté. Depuis cette époque la digue a été brisée, le torrent des affranchissements a menacé de tout envahir, à tel point, que le législateur a été obligé d'imposer des conditions à de certaines manumissions.

Toujours est-il que les intentions généreuses des maîtres se sont manifestées dans tous les temps à l'égard des esclaves les plus méritants, sans avoir besoin du mot d'ordre d'une révolution. La raison éclairée des colons, leur amour de l'humanité présidaient à ces actes de rémunération. Aussi l'affranchi se considérait toujours comme membre de la famille à laquelle il avait appartenu, et souvent la consolation de ses vieux jours était de venir solliciter un dernier asile et mourir près de ses bienfaiteurs.

Pour qui n'agit point dans un esprit de vertige et d'erreur, et avec l'opiniâtreté d'un de ces hommes à idée fixe et de *parti pris*, il n'est pas douteux que l'esclavage africain a, comme toutes les institutions humaines, ses phases à parcourir. Or, chacun sait que tout ce qui existe a sa raison d'être et puise son autorité dans ses précédents. Tout ce qui existe, nous sommes loin de le nier, est susceptible de modifications successives. . . . . . .

En ce qui touche l'esclavage, si l'on ne veut tout compromettre et tout perdre, nous disons que les seules modifications qui lui soient applicables doivent venir de la main du maître et de la main du temps.

Ouvrons Bernardin de Saint-Pierre, le réformiste consciencieux et éclairé, l'ami de l'humanité par excellence; que nous dit-il? si ce n'est que l'émancipation doit venir du maître; qu'elle doit être conduite avec lenteur, avec prudence, qu'elle cause un dommage réparable. « Il est nécessaire « qu'ils (les blancs) adoucissent le sort de leurs « esclaves, en attendant qu'ils trouvent *eux-mêmes* « des moyens *sages* de leur rendre la liberté. Cette « *grande* révolution ne doit se faire que *peu à peu*, « et en *dédommageant* CONVENABLEMENT *les maîtres.* » (p. 305, t. V, *Etudes de la Nature*).

Si nous consultons M. de Bonald, nous voyons

qu'il déplore l'influence anglaise dans la question de l'émancipation, influence qui agit plus que jamais :

« On ne peut guère douter que depuis le car-« dinal Dubois, pensionné, dit-on, par le cabinet « de Londres, nos ennemis n'aient, sauf quelques « intervalles assez courts, influé sensiblement sur « nos conseils, lorsque l'on voit, depuis cette « époque, toutes les grandes opérations de l'admi-« nistration, en contradiction formelle avec les lois « naturelles de la France, finir par en consommer « la subversion, et que l'on remarque dans ces « derniers temps les coups portés contre la puis-« sance commerciale et maritime de la France, « contre ses ports, ses villes commerçantes, ses « colonies *surtout*, horriblement bouleversées par « l'affranchissement des noirs, épouvantable me-« sure, dont les Anglais, avec leurs discussions « interminables sur l'abolition de la traite, ont « hâté la funeste décision. » (p. 406, 407, *Législation primitive*, t. III.)

Enfin, l'intervention de la philosophie du jour n'a pas été jugée plus opportune ni plus heureuse à l'endroit de l'affranchissement des noirs. Surtout lorsqu'on se rappelle que cette philosophie a dit que le nègre, avant d'être moralisé, devait être affranchi, attendu que l'esclavage est un obstacle à la propagation des doctrines religieuses. Nous laisserons parler ici M. de Lamennais : « Quant à l'esclavage « des noirs, l'Église le toléra, parce que l'esclavage « est plutôt opposé à l'esprit de la religion chrétien- « ne, *qu'interdit formellement par ses lois*. Elle en pré- « parait peu à peu l'abolition dans nos colonies, en « adoucissant le sort des esclaves, en les formant à « l'état social, en cultivant avec soin, *dans ces en- « fants tardifs*, les facultés et les vertus dont le dé- « veloppement annoncerait pour eux l'âge de la « majorité. La religion, non plus que la nature, ne « fait rien *brusquement*. Elle amène *de loin* les « changements désirables, elle les opère par des « voies douces et des degrés insensibles. Voilà la « marche de la sagesse. La philosophie est venue « tout à coup déranger cette marche. Elle a pro- « clamé, à grand bruit, la liberté des noirs, sans « précautions, sans prévoyance, sans examiner si « les hommes qu'elle affranchissait subitement « étaient capables d'être libres. Qu'en est-il résul- « té ? L'embrâsement des colonies, le massacre « des colons, une anarchie complète, et des guerres « d'extermination. » (*Essai sur l'indifférence en ma- tière de religion*, p. 432, 433, t. Ier.)

Le même auteur dit, autre part : « Qu'une des plus dangereuses folies de notre siècle est de s'imaginer que l'on constitue un état, ou qu'on forme une société du jour au lendemain, comme on élève une manufacture. On ne fait point les sociétés; la nature et le temps les font de concert...» Au sujet de cette précipitation coupable qui préside à toutes les entreprises, il s'écrie : « On veut « tout créer instantanément, tout créer d'ima- « gination... Lorsque épris de théories chiméri- « ques, on a commencé à renverser, on ne doutait « de rien... N'oubliez jamais qu'à aucune époque « il n'y a de possible que ce qui est mûr dans les « esprits ; ce qui, préparé peu à peu, est devenu « l'objet d'une attente et d'un désir général ; que « toute réforme qui se présente comme une per- « turbation radicale des choses existantes, le ren- « versement de ce qui a encore dans les idées, les « habitudes, les mœurs, l'opinion vraie ou fausse « des masses, des racines vivantes, échoue tou- « jours. Qu'ainsi, rien de plus pernicieux que les « théories contestées, le fussent-elles même à tort, « les théories qui répugnent au grand nombre, les « spéculations économiques et philosophiques ina- « plicables au moins actuellement. Elles ont pour « effet d'effrayer et de retenir dès lors, dans *une* « *déplorable inertie*, les hommes même *les mieux* « *disposés*, et dont le CONCOURS serait le plus *utile*, « quelquefois le plus INDISPENSABLE. »

Ce dernier passage ne dépeint-il pas merveilleusement la position du colon qui refuse toute coopération, qui recule épouvanté, lorsqu'il voit les novateurs vouloir substituer les combinaisons arbitraires de l'esprit aux rapports nécessaires, aux lois simples et fécondes qui, établies depuis longtemps, sont devenues les conditions indispensables de l'existence coloniale; lorsqu'il voit l'abolitioniste, passant soudain de ce qui est à ce qu'il imagine devoir être, et ne trouvant point dans ses idées l'obstacle que l'exécution trouvera plus tard dans les choses, proclamer, dès à présent, la ruine de l'ordre existant, et détruire tout d'avance par le raisonnement? Ah! du moins, qu'avant de prononcer notre arrêt de mort, ces novateurs quittent leur salon de Paris, qu'ils traversent les mers, qu'ils viennent nous disséquer tout vivants, et chercher dans les entrailles des colonies, qu'ils ne connaissent point encore, les mystères de cette organisation sociale qu'ils projettent!

Napoléon, vainqueur de la Pologne, a prouvé au monde à quel degré il portait la science des gouvernements et des sociétés. Maître d'opérer une révolution dans le pays qu'il venait de conquérir, il eût pu en émanciper tous les serfs ; mais il pensa avec raison que l'heure de cette émancipation n'avait point encore sonné, qu'il fallait l'abandonner au temps, aux mœurs et aux maîtres, et il ne tint aucun compte de l'exemple qu'avait donné madame de Staël, en invitant la noblesse moscovite à affranchir les serfs de ses domaines.

CHAPITRE VII.

DE L'ESCLAVAGE EUROPÉEN ET DE L'ESCLAVAGE COLONIAL.

Nous concevrions qu'on pût tenter de faire disparaître des faits qui ont la sanction des siècles, et leur substituer des faits nouveaux, lorsque l'humanité, la justice, le bien-être général s'unissent pour provoquer une amélioration quelconque, et en proclamer d'avance les résultats heureux. Est-ce ici le cas qui se présente? Ira-t-on comparer l'esclavage ancien à l'esclavage colonial? Le noir a-t-il besoin, pour vivre, de mendier, de voler ou de se prostituer? Est-il chez nous en proie à toutes ces inénarrables misères dont étaient abreuvés les esclaves sous l'empereur Claude? Nos îles sont-elles comme l'île de Tibre, où ils périssaient délaissés sur les ossements de leurs compagnons (1)? Tant de maux

(1) Nous n'avons pas d'idée aujourd'hui de ce qu'était la condition des esclaves chez ce peuple, héritier universel des connaissances comme des vices du genre humain. Hors le temps du travail, ces malheureux, à qui l'on enviait les plus vils aliments, étaient enchaînés à la campagne dans des espèces de souterrains infects où l'air pénétrait à peine. Livrés à la merci

devaient avoir un terme. Mais en est-il de même aux Antilles? Écoutons encore une fois M. de Bonald : « L'esclavage toléré dans les colonies « chrétiennes ne ressemble que de *nom* à l'es- « clavage pratiqué chez les païens. Là, l'esclave « était hors de la loi commune à tous les citoyens, « hors de la société par conséquent; et il ne trou- « vait pas dans le pouvoir public d'asile contre « l'oppression du pouvoir domestique auquel il « était soumis. Ici l'esclave est beaucoup plus su- « jet de l'état, puisqu'il est protégé, dans sa per- « sonne et dans ses propriétés, par les mêmes lois « qui protègent les citoyens. » (*Législation primitive*, t. II, p. 14, notes du chap. 1er.)

Y a-t-il justice à abolir le patronage du maître pour y substituer celui du gouvernement, qui doit briser tous les liens d'affection entre l'esclave et le maître, et compromettre l'ordre et le travail? Y a-t-il humanité à vouloir lancer tout à coup dans la vie civile, où elle ne trouvera que misère et dénûment, toute une population que la sollicitude

d'un maître avare et de surveillants impitoyables, on les accablait de travaux, moins durs à supporter que les caprices cruels de leurs tyrans. Vieux ou infirmes, on les envoyait mourir de faim sur une île du Tibre. Quelques Romains les faisaient jeter tout vivants dans leurs viviers pour engraisser des murènes. (*Essai sur l'indifférence*, tom. Ier, page 379.)

des maîtres met à l'abri des nécessités qui assiègent le prolétaire en France? Où est l'abus qu'une émancipation jalouse et inquiète veut détruire, si ce n'est dans ce mot *esclavage,* dont on se fait un épouvantail.

Qu'on jette les yeux sur le tableau suivant, que trace l'ancien archevêque de Malines : « Le devoir « que nous nous sommes imposé de ne déguiser « aucune vérité, soit qu'elle loue, soit qu'elle ac- « cuse, nous a dicté les deux réflexions par les- « quelles nous terminerons cet article. La pre- « mière sera un hommage aux colons, parmi les- « quels, avant la révolution, l'esclavage avait à la « fois perdu de sa rigueur et de son indocilité.... « Tous les jours il se rapprochait davantage de « l'état de domesticité.... Les propriétaires étaient « généralement éclairés sur la liaison de leurs in- « térêts avec le bon traitement des esclaves; une « partie étaient leurs pères au moins autant que « leurs maîtres, et les nègres les payaient assez « communément de leur affection par un juste « retour de fidélité et de tendresse. Il y en a mille « exemples, aussi honorables pour le maître qui « avait su inspirer ces sentiments que pour l'es- « clave qui avait su les ressentir. De grandes ha- « bitations, et même fréquemment, offraient le

« spectacle d'une immense famille où le blanc res- « semblait à un patriarche, dont il retraçait la « bonté; et les esclaves, de leur côté, réunis au- « tour de lui, représentaient les premières tribus « dans l'âge d'or des premières sociétés. Ce ta- « bleau devenait tous les jours plus commun aux « colonies, de manière que les crimes des maîtres « envers leurs esclaves, et ceux des esclaves en- « vers leurs maîtres, devenaient aussi plus rares. « Les expressions proverbiales, comme les pein- « tures enflammées de l'état des nègres *tombaient* « *à faux*, et étaient absolument *dépourvues de vé-* « *rité*.... L'état positif et la tendance générale de « l'état des nègres portaient donc vers une amé- « lioration continuelle, mais graduelle; et cette « disposition était sûrement celle qui approchait « *le plus de la perfection pour les colonies* et pour *les* « *esclaves eux-mêmes;* celle qui pouvait REMPLIR « PLUS CONVENABLEMENT LEURS VOEUX, BIEN EN- « TENDUS; car, étant volontaire, provenant des « mœurs et non des lois, elle avait une pente plus « naturelle, plus douce, quoique plus forte et plus « étendue, que celle que des lois positives pou- « vaient donner, parce que les lois sont de leur « nature restreintes et bornées; l'objet en est fixe « et déterminé, au lieu que les mœurs embrassent

« tout et s'appliquent à une multitude de détails « que la loi ne peut apercevoir ni saisir, qui la dé- « passent ou qui lui échappent. L'esclavage ten- « dait donc au point où la raison la plus éclairée, « à défaut de pouvoir l'abolir, devait travailler à « l'amener pour l'amélioration commune du sort du « maître et de celui de l'esclave. » (M. de PRADT, *des Colonies*, t. Ier, pages 313, 314, 315 et 316.

Ces réflexions ont acquis un nouveau degré de vérité et de force ; car de l'époque dont il est fait mention jusqu'à nos jours, c'est-à-dire dans un laps de cinquante années, des perfectionnements immenses ont été introduits dans le régime des ateliers, perfectionnements dus à la générosité et aux lumières des maîtres, et dont les résultats ne peuvent plus être niés par les plus ardents adversaires des colonies. M. de Pradt, rassuré sur la situation respective et le bien-être des noirs et des blancs, ne s'effrayait de l'avenir des colons que parce qu'il voyait le nombre des esclaves augmenter démesurément par la traite, alors en pleine vigueur. C'est ce qui fait qu'en traitant des principes constitutifs de l'ordre colonial, il dit « que la cessation « de la traite était commandée par les dangers ré- « sultant pour les colonies de la multiplication des « noirs. » (Page 199, même volume.)

En France, la position du prolétaire est comparée, par M. de Lamennais, à celle des esclaves romains. « Le capitaliste et le prolétaire sont entre « eux, de fait, à peu près dans les mêmes relations « que le maître et l'esclave des sociétés antiques... « La liberté du prolétaire n'est que fictive ; le corps « n'est point esclave, mais la volonté l'est. Les « chaînes et les verges du prolétaire, c'est la faim ; « sa condition est, en ce qui tient à la vie physi- « que, souvent au dessous de celle de l'esclave : « pour lui, nulle garantie de liberté individuelle, « nulle défense possible de ses intérêts contre « l'injustice et l'oppression ; nul moyen de trans- « mettre à sa femme et à ses enfants souvent « même un faible débris du modique pécule acquis « à la sueur de son front, et lorsque les infirmités, « la vieillesse ont usé ses forces, pas un pauvre « petit coin de terre au soleil où on le laisse ex- « pirer en paix. Implore-t-il de la charité du pas- « sant un peu de pain ? La prison. Épuisé de be- « soin, s'assied-il le soir près de la borne ? La pri- « son...... Nous le demandons encore, est-là, oui « ou non, de l'esclavage ? Et qui, à ne regarder « que le pur fait, sans égard au droit insolemment « violé, mais reconnu, qui ne préférerait l'escla-

« vage ancien? » (*Esclavage moderne*, pag. 34, 37, 39, 55 et 56.)

Nous avons montré ce que c'était que cette servitude antique que l'on viendrait à regretter au milieu de notre civilisation si vantée; on a pu voir combien elle différait du patronage actuel des maîtres. L'esclave, sûr de sa nourriture, de son logement, de soins pendant la maladie, est sans doute dans une position qu'envierait le prolétaire manquant de tout, sur lequel on accumule les fatigues les plus intolérables, et qui n'est jamais sûr du lendemain. En effet, l'âge d'or des basses classes commence, lorsque leurs besoins sont entièrement satisfaits, et non pas lorsque le luxe, en multipliant ces mêmes besoins, rend leur existence plus précaire, en raison de l'exubérance de la population; c'est ce qui a lieu en France, en Angleterre, dans toutes les vieilles sociétés européennes.

Le nègre des colonies, loin d'être comme le prolétaire, continuellement enchaîné dans sa volonté, échange six jours d'un labeur réglé pour sa nourriture, son logement, son vêtement, la terre qu'il cultive à son profit, les soins en cas de maladie, dans l'enfance et la vieillesse. Il dispose comme il lui plaît de ses nuits, de son dimanche et de ses heures de repos après le travail; il est arrivé à une position où on aurait tort de croire qu'il n'est pas un être moral responsable, sous le rapport intellectuel, de ses actes, et capable de vertu; nulle entrave n'est apportée à sa liberté physique, dans de certains jours et à certaines heures. Quant à sa liberté morale, il en jouit dans toute sa plénitude; il a le pouvoir de faire le mal comme celui de faire le bien : ce sont là des avantages qui, pour être relatifs, n'en sont pas moins réels.

A entendre l'auteur que nous avons cité plus haut : « De quoi se compose ce peuple esclave de la « nation française, à l'exception de deux cent mille « privilégiés devant qui se courbent trente-trois « millions de Français ? On a combattu en France, « pendant un demi-siècle, contre la tyrannie féo- « dale.....; l'inégalité est partout, la servitude par- « tout. » (*Esclavage moderne*, pag. 65.)

Lorsque l'inégalité est partout, la servitude partout, même en France, est-il sage, est-il rationnel que les apôtres de l'abolition veuillent, à toute force, établir dans nos colonies le système d'égalité qui fait couler du sang et enfante les révolutions? Qui ne sait, d'ailleurs, qu'après ce sang et ces révolutions, la société, comme l'Océan après une tempête reprenant son niveau, ramène et consacre de nouveau le système des inégalités?

CHAPITRE VIII.

DU TRAVAIL FORCÉ COMME MOYEN DE MORILISATION A L'ÉGARD DES NÈGRES.

Au quatrième volume de l'*Histoire générale des Voyages*, par Smith, on lit dans les mémoires de Moréla, qui a voyagé depuis 1682 jusqu'en 1688 (pag. 630 et 631) : « On trouve hors de la ville de « Banza, capitale du royaume de Congo, que les « Portugais ont appelé San Salvador, un marché « nommé Pombo, bâti par les Jaggars, où l'on ven- « dait de la chair humaine à la livre, comme celle « du bœuf et du mouton ; les marchands portu- « gais, qui commençaient à fréquenter le pays, re- « fusèrent d'acheter de la chair d'esclave mort, « mais ils proposèrent à ces barbares de l'acheter « en vie ; ils firent un traité avec eux. Les Portu- « gais voulurent ensuite faire regarder ce traité « comme exclusif pour la traite. »

Les flibustiers emmenèrent dans les îles une foule de ces captifs échappés à une mort certaine. Des missionnaires furent envoyés pour les convertir ;

mais il fut bientôt reconnu qu'une tutelle leur était nécessaire, car en les laissant maîtres de leurs actions, ils retournaient à leurs premiers instincts de férocité et de barbarie, c'est ce qui a fait dire à Montesquieu : « Louis XIII se fit une peine ex- « trême de la loi qui rendait esclaves les nègres de « ses colonies; mais quand on lui eût bien mis dans « l'esprit que c'était la voie la plus sûre pour les « convertir, il y consentit. » (*Esprit des Lois*, ch. 4, liv. XV.)

L'esclavage colonial fut donc institué dans un but de moralisation, et pour empêcher, en assouplissant le nègre aux lois d'un travail réglé, que celui-ci ne se livrât au vol, au meurtre, au maraudage et à toutes les mauvaises passions qui naissent de l'oisiveté. Les mœurs patriarchales des colonies furent ses premières lois, à quoi eût servi d'écrire le travail dans un code, si les mœurs n'en eussent peu à peu gravé l'amour dans les cœurs : *Quid leges sine moribus vanæ proficiunt?* Les lois se bornèrent à punir certains délits et certaines infractions à l'ordre et au travail; le maître a cherché à humaniser ce pupille tardif qui lui avait été donné, à lui éviter des châtiments en polissant ses instincts sauvages, et en dirigeant ses affections vers des habitudes de sociabilité : il a fait un ouvrier utile, d'un barbare Africain qu'il était. Telle a été l'influence du travail forcé sur le nègre. Aujourd'hui que l'affranchi a secoué ce joug salutaire, aujourd'hui que le prolétariat s'organise, le retour à la barbarie et aux infâmes pratiques de la tribu africaine se manifeste de toutes parts : les crimes et les délits augmentent dans une progression effrayante. Quiconque veut plaire aux abolitionistes propose le changement de l'ancien ordre de choses, c'est-à-dire la substitution du travail libre au travail forcé, comme jadis ceux qui aspiraient à la faveur de la populace romaine proposaient la loi agraire ; comme naguère ceux qui voulaient plaire aux *Marat* et aux *Robespierre* sollicitaient la proscription et la mort contre le clergé et les nobles. L'abolitioniste est le même dans tous les pays et dans tous les temps.

CHAPITRE IX.

DU TRAVAIL LIBRE CHEZ LES ANGLAIS, ET COMME ILS L'ENTENDENT.

Les Anglais comprennent si bien l'éloignement du nègre pour le travail, qu'en proclamant l'émancipation, ils ont agi comme persuadés déjà qu'il ne s'y assujettirait point volontairement, même en présence du salaire.

Ainsi, ils ont commencé dans leurs colonies par la destruction des plantations de *vivres* éloignées des habitations, afin de concentrer les travailleurs dans ces dernières.

Une circulaire de lord Glenelg a interdit, en faveur des nouveaux affranchis, les concessions de terres dépendantes de la couronne ; les arbres porteurs de fécules et de fruits ont été abattus, et on a pris soin de ruiner les plantes nourricières que le sol produit naturellement.

L'engagement forcé à long terme a été organisé, sous des conditions on ne peut plus tyranniques, et avec des clauses pénales très sévères. (1)

Ils ont imaginé le système cellulaire, que le nègre redoute au delà des plus grands châtiments corporels ; et pour couronner l'œuvre, ils ont inventé et mis en fonction le *tread-mill*, dont la description ferait frissonner d'horreur nos plus ardents abolitionistes.

Le gouvernement anglais a donné une grande latitude aux législatures coloniales, en ce qui touche l'organisation et la marche du travail libre.

Maintenant on peut se le demander : la France se décidera-t-elle à imiter en tous points cette nation rivale qui lui sert de parangon? Après avoir fait

(1) Une traite nouvelle s'était établie à la Martinique. Des spéculateurs de Berbice et de Demerary avaient expédié des agents qui, sur l'appel d'un premier comptant et des plus belles promesses pour l'avenir, attiraient les ouvriers de couleur dans ces dernières colonies. On avait persuadé à ceux-ci qu'ils ne s'y livreraient qu'à leur état ; mais à peine débarqués et rendus sur les habitations, ils se virent contraints au travail de la terre, sous peine de la prison en cas de refus. Une partie de ces malheureux désappointés ont succombé, en bêchant le sol insalubre de Demerary ; d'autres sont morts de misère dans les cachots; quelques uns sont parvenus à travers mille périls, à s'échapper de l'île, et, de retour dans leur patrie, ils ont juré, mais un peu tard, qu'on ne les y prendrait plus.

assaut de philanthropie, consentira-t-elle aussi à faire de la tyrannie? Nous ne le pensons pas. La tyrannie n'est pas dans les mœurs, encore moins dans la législation actuelle de la France.

Et cependant, toutes ces mesures coercitives, violentes, de la part des Anglais, n'ont amené que des résultats négatifs. Tout est irrégulier, anormal dans le régime des nouveaux ateliers : l'exploitation des terres, le sort des récoltes, la fortune du planteur, tout est maintenant soumis aux éventualités du caprice africain.

Enfin, pour suppléer aux mécomptes du travail libre des noirs, la traite étant prohibée avec l'Afrique, on a songé à la faire avec la France. Des navires chargés d'Alsaciens sont partis du Havre, en destination pour la Trinidad. La plus cruelle déception attendait à leur arrivée ces nouveaux émigrants. L'autorité s'est empressée de leur signifier que le traité passé avec les spéculateurs était rompu, et qu'ils eussent à pourvoir à leur avenir comme ils l'entendraient. Forcés de se mettre à la discrétion des propriétaires, et de travailler à la terre sous le soleil des tropiques, ils ont été en peu de temps décimés par les maladies et le climat. La Martinique et la Guadeloupe ont recueilli les débris de cette émigration. En couvrant leur nudité, en leur donnant le pain de l'aumône, elles ont rappelé à la vie ces nouvelles victimes du machiavélisme anglais.

Quand cette chétive indemnité que l'Angleterre a reconnue à ses colonies aura été épuisée par la rémunération du travail, soi-disant volontaire, il n'y aura peut-être que les colonies de Demerary et de Berbice qui, à cause de la richesse de leur sol, pourront encore attirer quelques travailleurs par l'appât d'un salaire exagéré.

On avait un moment pensé que le travail à la tâche serait une voie d'exécution qui assurerait davantage le travail libre; mais, outre qu'il est impraticable dans certaines localités, il commandait une surveillance de détails impossibles sur une habitation où le travail en commun est seul exécutable. De leur côté, les nègres avaient paru souscrire à cette mesure, parce qu'ils espéraient, affranchis de tout contrôle, faire vite, sans s'inquiéter de faire mal, pour avoir à passer le reste du temps à ne rien faire : c'était le calcul de la paresse.

CHAPITRE X.

DU SAMEDI COMME ESSAI DU TRAVAIL LIBRE.

Quoique l'ordonnance de 1685, dans ses articles 22 et 23, eût fixé la nourriture des esclaves et défendu aux maîtres de se décharger de cette obligation, en donnant à leurs nègres un jour de la semaine pour travailler à leur compte particulier, les premiers colons, sans doute dans l'espoir de s'affranchir graduellement de la tutelle pénible de leurs esclaves, comme de celle des *engagés* européens, qu'ils libéraient au bout de trois années de service, au mépris des prescriptions de l'ordonnance, essayèrent de donner le samedi de chaque semaine à leurs ateliers. Cette expérience ne pouvait avoir qu'un but, c'était de les habituer à un travail dégagé de toute surveillance, et de leur inspirer le désir de songer eux-mêmes à leurs besoins et à leurs nécessités. Cette tentative fut infructueuse, non pas que les nègres ne s'y prêtassent de leur plein gré; mais, loin d'utiliser le jour accordé, ils l'employaient à la maraude, et dévastaient les plantations de leurs maîtres. De là les défenses nouvelles consignées dans une ordonnance du 20 décembre 1712, enregistrée le 8 mai 1713; dans une ordonnance du gouvernement du 2 janvier 1715, et dans un arrêt du conseil souverain du 6 mai 1765.

Nonobstant ces prohibitions, nombre de propriétaires ont voulu pousser plus loin l'expérience du *samedi*. Il serait facile d'établir qu'ils n'agissaient point dans des vues intéressées, et uniquement pour s'affranchir de la nourriture due à leurs esclaves; car en donnant à ceux-ci un jour de la semaine, c'était se priver du sixième du travail annuel. Or, sur une habitation susceptible de produire trois cent milliers de sucre, la perte du samedi occasionnait un déficit de cinquante milliers, dont le produit aurait, et au delà, suffi à la nourriture des esclaves.

Cette insistance nouvelle n'a pas été plus heureuse; il est à remarquer que les nègres qui jouissent aujourd'hui du *samedi* (et ils sont en petit nombre dans les colonies) ont toujours recours à leurs maîtres pendant les autres jours de la semaine; il faut venir à leur aide, il faut surveiller leur travail particulier pour constater s'ils ont des vivres suffisants, s'ils ne se livrent pas à la maraude, et, dans l'intérêt de l'ordre et de leur santé, on est le plus souvent obligé de leur retirer cette concession, dont ils abusent loin de tirer avantage.

Les résultats qu'on a donc obtenus, après deux siècles d'observations, ont été ceux-ci : le nègre n'est point organisé pour le travail libre ; pour obtenir de lui un labeur, il faut qu'il soit assujetti à une surveillance et à une coercition.

CHAPITRE XI.

DE LA SUBSTITUTION DU GOUVERNEMENT A LA PLACE DU MAITRE.

Le gouvernement parle de se mettre, après l'émancipation, au lieu et place du maître ; il pense qu'à l'aide de son intervention le travail fonctionnera comme par le passé.

C'est une grave erreur. Il faut bien peu connaître l'esprit du nègre et son opinion au sujet des intentions du gouvernement. Vous ne lui ôterez pas de l'idée que tout ce qui se prépare dans la prétendue réforme du régime colonial, n'a pour but que de l'affranchir de tout labeur. Le mot *travailler* s'est accolé dans sa pensée au mot *maître ;* il ne les sépare pas plus qu'il ne sépare le mot *gouvernement* des mots *ne rien faire.*

A une époque encore assez récente, lorsque des négriers avaient été capturés par les bâtiments de l'État, les noirs furent débarqués à la Martinique et à la Guadeloupe ; ils étaient vêtus, logés, et recevaient des rations, aux frais de ces colonies. Ils donnaient dans les villes le spectacle de hordes de sauvages livrés à la paresse et à l'oisiveté : on les appelait les *nègres du roi*. Nos esclaves n'ont point oublié cette dénomination.

Nous ne nous rappelons pas qu'en aucun temps l'action du gouvernement ait été, aux colonies, de quelque efficacité pour l'amélioration de la race esclave. Nous avons été témoins de tous les efforts tentés par les gouverneurs qui se sont succédé, et notamment de la sollicitude éclairée dont M. l'amiral comte de Moges était animé. Son zèle pour la propagation du mariage parmi les nègres a eu à lutter contre des difficultés qu'il n'a pu vaincre, et cependant lorsque les colonies étaient prospères, ces difficultés cédaient à l'influence morale du maître.

CHAPITRE XII.

DE LA PRÉTENDUE NÉCESSITÉ D'AFFRANCHIR LES NÈGRES DES COLONIES.

Le système stratégique des abolitionistes, en attaquant les colonies, a été celui-ci :

Mettre en problème le principe de la propriété, calomnier les mœurs et les habitudes des colons, détruire le crédit public, s'appitoyer sur l'infortune imaginaire des noirs, enlever enfin au maître le patronage de l'esclave, afin de désaffectionner ce dernier.

Après avoir achevé ainsi le siége moral des colonies, quand on les a crues démantelées, on s'est récrié sur la nécessité de les réorganiser de nouveau.

On a parlé du voisinage des colonies anglaises, dont l'exemple devait, tôt ou tard, révolutionner les colonies françaises.

Mais, loin de là, nos esclaves qui avaient été respirer l'atmosphère de la liberté sur les rivages voisins, revenaient se ranger sous la discipline des ateliers.

On a été jusqu'à déclarer que l'impatience des esclaves annonçait prochainement une conflagration intérieure.

Mais les rapports les plus récents des gouverneurs s'accordent à dire qu'à aucune époque, la population tout entière ne s'est montrée plus calme (1).

On a poussé la sollicitude philanthropique jusqu'à dire que l'intérêt des colons commandait la mesure de l'émancipation; et les colons, qui ne sont pas pressés de mourir, les colons, qui veulent le maintien de l'ordre et du travail et la conciliation de tous les intérêts, ont répondu loyalement et franchement que l'émancipation était *impossible*.

Viennent les producteurs de sucre de betterave. A l'aide du gouvernement constitutionnel, qui n'est que la lutte des intérêts privés personnifiés par le mandat des électeurs, ils ont pactisé avec les abolitionistes pour demander la substitution, au travail forcé, nécessaire à la culture de la canne, de cette chimère qui s'appelle le travail libre. En ceci, ils ne se cachaient pas : ils voulaient que la betterave

(1) Expression du discours d'ouverture de M. le gouverneur comte de Moges au conseil colonial, 11 novembre 1839. Voyez aussi le discours d'ouverture de M. Du Valdailly, en novembre 1840.

exerçât une dictature sans partage; ils voulaient le dernier soupir du colon, le retour du nègre à la barbarie, et faisaient des vœux pour voir les colonies *à tous les diables*. C'est ainsi que s'expriment les puritains du Massachussets, en demandant l'abolition de l'esclavage contre leurs compatriotes de la Caroline du sud, où le travail manuel est impossible pour le blanc.

La raison publique, en France, ne s'est point mêlée aux efforts d'une semblable coalition. L'opinion, en s'éclairant, devient plus circonspecte sur les choses d'outre mer, et elle se garde de se passionner pour une transformation sociale dont elle ne peut apprécier les résultats.

Toutefois, on doit s'étonner que les colonies aient opposé une si grande force de vitalité aux attaques systématiques de leurs ennemis : ceci prouve qu'elles ne sont pas si décrépites qu'on veut le dire; leur tempérament est robuste, leurs mœurs infaillibles. Depuis quelque temps, on se plaît à les dépeindre comme penchées sur des abîmes, on les compare à ces rochers suspendus au sommet des montagnes, et que chaque souffle semble faire vaciller et menace de précipiter; mais elles sont retenues par la main invisible du temps et par celle du maître.

CHAPITRE XIII.

DE L'INDEMNITÉ.

Il paraît que la propriété coloniale cesse d'être à la merci du raisonnement : on en a assez dit, d'ailleurs, pour tâcher d'en montrer la nullité et l'injustice. Chose inconcevable! eh quoi! tandis que les abolitionistes, ces fidèles continuateurs des Reynal, des Diderot et des Rousseau, invoquaient en faveur de leur propriété, la loi du *Deutéronome*, qui dit : « Tu ne désireras point la maison de ton « prochain, ni son champ, ni son bœuf, ni rien « qui lui appartienne, » ils nous appliquaient, à nous colons, les sophismes de l'auteur de l'*Histoire des deux Indes*, de celui du *Code de la Nature* et de celui du *Contrat social*, sur l'origine et le fondement de la propriété! Quelle équité! quelle bonne foi!

L'indemnité est arrêtée par la commission du gouvernement; quel en sera le chiffre?

Prendra-t-on pour base l'éternel exemple de l'éternelle Angleterre?

Mais elle n'a pas payé même la valeur du nègre, elle n'a donné que 75 p. 0/0 : Elle a stipulé, comme complément du prix intrinsèque de l'esclave, sans égard à la propriété foncière, un apprentissage que ses prêtres missionnaires ont eu l'art de transformer en un véritable enfer, dont les colons ont eu hâte de sortir.

Ces derniers n'ont donc pas été défrayés du prix des bâtiments d'exploitation, des cultures et des terres, qui n'avaient de valeur que mis en rapport avec l'esclave.

Le gouvernement ne doit pas balancer à faire connaître le chiffre de l'indemnité ; il doit satisfaire à toutes les exigences et se renfermer dans les limites tracées et définies par la nouvelle loi sur l'expropriation forcée pour cause d'utilité publique. Ce ne serait que dans le cas où l'indemnité serait complète, que le colon pourrait raisonner sur tel ou tel mode d'affranchissement; car on ne peut, sans une souveraine injustice, laisser engager ses intérêts de père de famille dans une transformation où l'on risque tout : l'ordre public, la vie et la fortune de tous ceux qui possèdent. Une fois placé dans les mêmes conditions que les abolitionistes, et n'ayant rien à perdre, le planteur pourra aussi faire de la philanthropie ; c'est chose facile ; il pourra aussi, par amour de l'humanité, aider ceux-ci de son concours et de son expérience, que l'on ne devra pas dédaigner.

Autrement, si l'indemnité était restreinte à un chiffre minime, il serait facile d'établir, dans la supposition du maintien du travail, que le salaire, au bout de quelques années, l'aurait entièrement absorbée. Or, ce ne serait plus le gouvernement ou l'esclave, mais bien le maître qui aurait payé de ses propres deniers la libération de son esclave. Une telle mystification n'est pas admissible. C'est assez que le fisc tyrannise le planteur des colonies, et, vivant de ses sueurs, lui dise : *Sic vos non vobis mellificatis apes*; le gouvernement français ne saurait compromettre sa justice et sa générosité au point de se rendre le complice d'une pareille spoliation.

CHAPITRE XIV.

DE LA NÉCESSITÉ DE L'INTERVENTION DU MAITRE POUR LE MAINTIEN DU TRAVAIL AUX COLONIES.

Que d'efforts, que de patience, que d'années n'a-t-il pas fallu pour que la réforme s'opérât dans la société métropolitaine ! Ce grand œuvre ne s'est accompli, chacun le sait, qu'à l'aide du temps et des révolutions. Pour les colonies, c'est autre chose, inutile d'attendre la marche ordinaire des événements humains. On leur suppose des besoins politiques et moraux qu'elles sont loin de ressentir, une maladie sociale qu'elles n'ont pas, maladie que la moindre temporisation, dit-on, aggraverait, et à laquelle il faut se hâter de couper court et de porter remède.

Ceci rappelle, en vérité, les deux médecins qui veulent, en dépit de toutes les protestations de ce pauvre M. de Pourceaugnac, le guérir d'une *mélancolie hypochondriaque*, maladie inconnue jusque là au gentilhomme limousin (1).

(1) *M. de Pourceaugnac.* — Qu'est-ce donc que toute cette affaire ? et que me voulez-vous ?

Si les ressorts de la machine coloniale étaient usés, comme l'étaient ceux de la vieille France continentale, si le système réglementaire qui donne la vie et sert de pivot aux Antilles françaises était vermoulu, comment serions-nous encore debout après tant de secousses et d'ébranlement; comment le maître, victime de la prévention et de la calomnie, ces lèpres morales, qui, tout aussi sûrement que le fer et le poison, détruisent et renversent, a-t-il conservé encore son autorité sur ses esclaves?

Eh quoi! n'est-ce pas un acte de jalousie de votre part, novateurs métropolitains, que de vouloir réformer un pays où le paupérisme est inconnu, où les grands chemins ne sont point infestés de brigands, où la corruption des consciences n'est pas à l'ordre du jour, où la sécurité publique est la gardienne de tous, pour l'inoculer de tous les vices

Premier médecin. — Vous guérir selon l'ordre qui nous a été donné.

M. de Pourceaugnac. — Me guérir!

Premier médecin. — Oui.

M. de Pourceaugnac. — Parbleu! je ne suis pas malade.

Premier médecin. — Mauvais signe, lorsqu'un malade ne sent pas son mal.

M. de Pourceaugnac. — Je vous dis que je me porte bien.

Premier médecin. — Nous savons mieux que vous comment vous vous portez, et nous sommes médecins qui voyons clair dans votre constitution.

(M. DE POURCEAUGNAC, acte Ier, scène 11.)

honteux, de toutes ces afflictions morales qui, comme autant de cancers, dévorent le corps social de la vieille France?

Qu'on ne s'y trompe point : là où l'autorité du maître expire, là le travail disparaît.

Voyez l'affranchi d'hier ; quelle métamorphose ! Il y a deux jours encore c'était un cultivateur exact à ses devoirs, sous la surveillance du maître ; aujourd'hui que cette surveillance a cessé, il croise les bras et se voue à l'oisiveté. Qu'on n'aille point dire que le travail de la terre lui rappelle le temps où il fut esclave ; il témoigne, une fois livré à ces seules inspirations, la même indifférence, le même dégoût pour les professions ouvrières. Ce qui le prouve, c'est qu'il se dérobe, tant qu'il peut, à la mesure du livret. Il ne tient point à cœur de remplir dans la société où il vient d'être admis le rôle d'homme utile ; il fuit devant n'importe quel labeur, et pour n'y être pas astreint, même moralement, il va jusqu'à redouter de se faire autoriser à exercer un état.

L'apprentissage anglais a démontré surtout d'une manière évidente ce que l'absence de toute intervention directe de la part du maître pouvait entraîner de perturbation dans l'économie du travail. Une fois que les magistrats protecteurs se sont placés entre le maître et l'esclave, il n'a plus été possible de compter sur l'assiduité des apprentis. Les châtiments les plus sévères ont été impuissants; des instruments de coercition, inconnus jusqu'alors, ont été inventés pour combattre la force d'inertie. Tout a échoué. Les colons ont été forcés de renoncer aux délais que le gouvernement avait stipulés comme une part de l'indemnité. Ce sacrifice était commandé par la prudence, la sécurité des personnes et l'espoir d'empêcher la ruine totale des fortunes. L'apprentissage, ou, pour mieux dire, la substitution du gouvernement au maître, avait enfanté la plus complète anarchie.

Or, quand les cultures coloniales seront abandonnées, pour qui sera le plus grand préjudice? Ce sera aussi bien pour la métropole que pour les colons. « Il y a action et réaction entre les colonies et « les métropoles, de manière à ce que le bonheur « de l'une soit le bonheur de l'autre. Les colonies « commandent du travail aux métropoles, autant « que celles-ci leur en commandent à elles-mêmes. « Une partie de la population de l'Europe provient « du travail que les colonies lui ont commandé. » (L'abbé de Pradt, tome Ier, pages 197, 198, *des Colonies.*)

Nous reproduisons ici une réflexion que tous

ceux qui ont étudié de près les colonies ont dû faire comme nous. Le *statu quo* en faveur de qui nous plaidons exige de la part des propriétaires bien des sacrifices; il expose à des chances de perte considérables, et ne donne, en retour, qu'un bénéfice réel souvent bien minime, en raison des capitaux immenses placés sur les habitations, et qui sont à la merci des ouragans, des sécheresses, des contagions, des mortalités et de bien d'autres fléaux. Si cet état a quelque chose de précaire, du moins il n'est pas incompatible avec le maintien de la discipline et de l'ordre. Les existences y sont assurées, et il ne faudrait qu'un système de tarification plus équitable, et une loi des sucres plus protectrice pour le transformer tout à coup en une position brillante et prospère pour tous; tandis que les colons ne voient par de là l'émancipation que perturbation dans le travail et ruine complète. Ils aiment donc mieux de deux maux choisir le moindre : Supporter toutes les charges du *statu quo*, nourrir les enfants, les vieillards, les infirmes; livrer à vil prix leurs denrées, souffrir la gêne et la misère en attendant le jour de la justice, plutôt que de jamais se résoudre à accepter comme une réalité le rêve creux du travail libre. Cette résolution, on peut le croire, est le résultat de la réflexion et d'une longue expérience; le fruit d'une étude approfondie des mœurs africaines; elle est fondée sur la nécessité bien démontrée de la tutelle des blancs pour les nègres.

Nous n'entreprendrons pas de réfuter les déclamations académiques et parlementaires contre le *statu quo* colonial. Nous pourrions dire, avec Montesquieu, que c'est mal raisonner contre une institution « que de rassembler une longue énuméra-« tion des maux qu'elle a produits, si l'on ne fait « de même celle des biens qu'elle a faits. Si je vou-« lais raconter tous les maux qu'ont produits dans « le monde les lois civiles, la monarchie, le gou-« vernement républicain, je dirais des choses « effroyables. » (*Esprit des Lois*, livre XXIV, chapitre 11.)

Nous pourrions dire aussi, avec M. de Lamennais : « De quoi les hommes n'abusent-ils pas? Ils « abusent des aliments destinés à les nourrir, des « forces qui leur sont données pour agir et se con-« server ; ils abusent de la parole, de la pensée, des « sciences, de la liberté, de la vie; ils abusent de « Dieu même. Faut-il, pour cela, dire que ces « choses sont pernicieuses?.... » (*Essai sur l'indifférence*, tome Ier, page 470.)

Nous terminerons ce chapitre par deux passages

de Montesquieu, qui nous semblent concluants. On s'est prévalu de son opinion pour flétrir l'esclavage des nègres, et conséquemment le *statu quo*, et pourtant on doit se souvenir qu'il a dit ceci : « Comme « tous les hommes naissent égaux, il faut dire que « l'esclavage est contre la nature, quoique dans « certains pays il soit fondé sur une raison natu-« relle, et il faut bien distinguer ces pays d'avec « ceux où les raisons naturelles mêmes les rejettent; « comme les pays d'Europe, où il a été si heureuse-« ment aboli. » (Liv. XV, chap. 7, *Esprit des Lois.*) « Il faut donc borner la servitude naturelle à de « certains pays particuliers de la terre. Dans tous « les autres, il me semble que, quelque pénibles « que soient les travaux que la société y exige, on « peut tout faire avec des hommes libres. » (*Même ouvrage*, liv. XV, chap. 8.)

Montesquieu n'était donc pas exclusif. Il semble qu'il ait écrit ces lignes pour les colonies, et que les exceptions qu'il établit, au sujet du maintien de la servitude et du travail forcé, ne s'appliquent qu'aux possessions intertropicales.

CHAPITRE XV.

LE TRAVAIL COLONIAL ENRICHIT L'EUROPE.

« Les colonies ne sont que des fermes de l'Eu-« rope (1). » Cette pensée est profondément vraie. Leurs rapports avec les colonies sont une source de richesses pour les métropoles. Comparez le mouvement des villes maritimes à la stagnation des villes de l'intérieur; voyez l'aisance des ouvriers et des classes moyennes en Angleterre, dans la Hollande, qui a été un phénomène commercial. L'égoïsme national des Anglais veut priver la France de sa part dans ce bien-être général. Il conspire, en faveur de l'Asie, non seulement contre nos colonies, mais contre l'Amérique espagnole, dont il a suscité les haines républicaines et anarchiques ; contre le Portugal, dont il enlève violemment les navires sur les rivières de l'Afrique. Suivant l'auteur que nous avons cité au commencement de ce chapitre « Les « stations que l'Angleterre a choisies sur toutes les « mers la rendent maîtresse de toutes les colonies

(1) L'abbé de Pradt. Page 196. Titre : *des Colonies*, t. Ier.

« et interdisent toute marine aux autres peuples.
« Cet état est fort dangereux pour l'Europe. » (Page 201, même volume). Le Cap, la Nouvelle-Hollande, l'Océanie, l'Inde lui appartiennent. Là, ses possessions surpassent en opulence le sol métropolitain ; là, plus d'un beau climat offre une autre patrie aux Anglais. Ils sont donc déjà garantis de toute révolution qui les forcerait à une émigration. Ils rappelleraient ce qui a eu lieu, alors qu'une colonie de Phocéens vint fonder Marseille, et que la cour de Lisbonne se réfugia au Brésil. Voilà les ressources qu'offre le travail colonial et dont on veut priver la France.

Les Anglais, Anglais avant tout, ont demandé partout la cessation de la traite (1) et l'émancipation des esclaves. Leur but était, et est encore, d'anéantir le commerce des autres nations ; car il n'est pas si philanthrope qu'il veut bien le dire, ce peuple qui recrute sa marine par la *presse*, qui a établi

(1) En demandant à haute voix que le trafic des esclaves n'eût plus lieu chez aucune nation, l'Angleterre est loin de faire abnégation de ses intérêts matériels. Elle tolère que les manufactures de Birmingham continuent à fabriquer les chaînes, les menottes, les jambières et tous les instruments de coercition nécessaires aux puissances qui se livrent encore à la traite, telles que le Brésil, le Portugal et autres.

la *loi martiale*, qui opprime l'Irlande et qui fait battre de verges ses soldats jusqu'à ce que toute pulsation du pouls ait cessé. La concentration des colonies anglaises dans l'Inde, qui, au rapport de lord John Russel, offrira des compensations à la ruine des Indes-Occidentales, explique le patriotisme égoïste des Anglais (1). La France, au con-

(1) Il n'est que trop pleinement démontré que le but dominant des ennemis des colonies occidentales est l'anéantissement de ces colonies, pour conserver leurs propres intérêts dans les Indes-Orientales.

Ils ont vociféré contre l'esclavage dans les Antilles, en même temps qu'ils trouvaient tout naturel que dans l'Inde des millions d'esclaves gémissent sous le poids de la servitude la plus abjecte et la plus horrible. Pour eux, il a fallu sacrifier les unes à l'avenir et à la prospérité des autres.

On compte dans ce moment, dans l'Inde, plus de 800,000 esclaves. L'autorité que nous citons est incontestable : c'est la statistique de Londres.

Lorsqu'il s'est agi de renouveler la charte des Indes-Orientales, en 1833, lord Grey proposa d'y abolir l'esclavage, mais la chambre des lords repoussa ce projet, et le bill passa sans l'amendement de lord Grey.

Lors du vote de la loi sur l'émancipation dans les colonies anglaises occidentales, les Indes furent exceptées de la mesure.

Plus tard il fut question d'une commission établie dans l'Inde même ; elle devait s'occuper de la question de l'esclavage, mais les travaux de cette commission n'ont jamais été connus et ne seront même jamais achevés.

traire, fait *son vatout*. Elle compromet son existence commerciale en compromettant ses colonies. Chose incroyable ! il existe encore dans ses conseils et dans

Cependant un rapport des collecteurs, à qui le gouvernement de Madras s'est adressé, a donné quelques renseignements qui ne portent, d'ailleurs, que sur la nature de l'esclavage dans cette partie du monde : . . . .

« A Cambiatore, le propriétaire, dit le rapport, a le droit de vendre son esclave et de le mobiliser à cet effet, c'est-à-dire de le vendre sans la terre. Les enfants de l'esclave sont esclaves.

« A Tanjore, l'esclavage existe dans toute sa vigueur; le maître a le droit de vendre son esclave ; mais à un maître qui ne l'emmenera pas à l'étranger sans son consentement.

« La terre se vend sans qu'il soit nécessaire de vendre les esclaves qui y sont attachés. En cas de vente de la terre et des esclaves, il faut deux actes séparés.

« A Tinnevelly, la terre et les esclaves peuvent être hypothéqués ensemble ou séparément, selon le désir du propriétaire.

« Dans l'Arcot méridional, les basses castes sont toujours considérées comme des esclaves naturels et deviennent la propriété de quiconque paie les frais de noces quand ils se marient. C'est ainsi, au reste, que se constitue dans ce moment l'esclavage héréditaire. Les enfants sont la propriété du maître des père et mère.

« Quant au nombre des esclaves, nous sommes parvenus à recueillir, des documents parlementaires, l'état ci-après :

A Canara, Malabar, Coorg, Winang, Chochin et Trancore.	400,000 escl.
Tinnevelly.	324,000
A reporter.	724,000 escl.

ses sénats des hommes politiques qui proclament que cent charrues valent mieux que cent vaisseaux.

Report	724,000
Trichinopoli	10,600
Arcot (sud)	13,000
id. (nord)	17,000
Coneau (sud)	2,000
Surate	2,900
Ceylan	27,000
Assam	11,000
Penang	300
	806,500

« Que dira maintenent le peuple anglais de cette révoltante hypocrisie de la part des philanthropes qui ont excité tant de sympathies en faveur des nègres? Dans quel but?... Dans un but d'intérêt personnel. »

(Extrait du *Jamaïca Dispatch*. Décembre 1840).

CHAPITRE XVI.

DU CHATIMENT CORPOREL.

Si, en France, où l'industrie, dit-on, et le travail sont honorés, l'amour de l'oisiveté se manifeste encore dans les classes ouvrières; ainsi que nous l'avons dit plus haut, n'est-il pas à craindre qu'il ne prédomine chez les fils de l'Afrique, encore empreints de la rouille de la barbarie? Comment, dès lors, ne pas admettre comme une chose indispensable un système de coercition sous les tropiques. « La chaleur du climat peut être si excessive (c'est « Montesquieu qui parle), que le corps y sera ab- « solument sans force. Pour lors, l'abattement pas- « sera à l'esprit même; aucune curiosité, aucune « noble entreprise, aucun sentiment généreux: les « inclinations y seront toutes passives. *La paresse « y sera le bonheur*, la plupart des châtiments y se- « ront moins difficiles à soutenir que l'action de « l'âme, et la servitude moins insupportable que la « force d'esprit qui est nécessaire pour se conduire « soi-même. » (*Esprit des Lois*, livre XIV, chapitre 2.) Plus bas il ajoute : « Il y a des pays où la « chaleur énerve le corps et affaiblit si fort le cou- « rage, que les hommes ne sont portés à un de- « voir pénible que *par la crainte du châtiment*. L'es- « clavage y choque donc moins la raison. » (*Même ouvrage*, livre XV, chapitre 7.)

Le symbole du châtiment corporel, dans les colonies, n'est que le symbole du travail. Le mouvement que sa présence imprime au nègre hors de sa nature, qui tend toujours à se complaire dans une sorte de torpeur, cesse tout à coup dès que ce ressort principal, qui met en jeu les facultés physiques de son être, vient à manquer. Le mécanisme se désorganise, l'ordre disparaît, et le nègre, dégagé de ce moniteur, n'agit pas plus pour son maître qu'il n'agit pour lui-même. Sur les habitations où la discipline est bien établie, les nègres sont riches et heureux ; là où, par suite de l'incurie ou de la mauvaise administration, le relâchement se fait sentir, vous rencontrez la misère et le dénûment, conséquences nécessaires de l'oisiveté. Les travailleurs, privés d'une sage et prévoyante direction, font peu ou point pour le maître et rien pour eux. Les rouages s'arrêtent en l'absence du levier moteur, qui seul peut les faire fonctionner.

Il ne faut point induire de là que la fréquence

des châtiments corporels soit une nécessité pour l'accélération du travail. Ce moyen serait déplorable, et n'atteindrait aucun but. On conçoit, en effet, que l'abus de la sévérité serait funeste à l'esclave, et préjudicierait au maître. L'homme s'habitue à tout, et l'excès du châtiment, comme la trop grande faiblesse, l'énerve, le démoralise, et finit par le jeter dans l'abrutissement complet. Ce dernier état, on peut le dire, est le manque absolu de sensations physiques et morales. Dès lors, il n'y a plus rien à espérer des exhortations, des menaces et même des coups.

Nous désirons, nous, que les châtiments soient rares, exceptionnels, dans l'intérêt de l'exemple; qu'ils disparaissent même entièrement, si cela est possible. Mais, nous insistons pour le maintien du symbole de la correction dans les ateliers, comme l'usage des garcettes est maintenu à bord des bâtiments de l'État, comme le martinet est maintenu dans l'armée anglaise. Le fouet est, d'ailleurs, dans les mœurs du nègre; et, si on le consultait toutes les fois qu'il mérite une peine, il le préférerait à la séquestration, à une augmentation de tâche, et à toute autre punition qui répugnerait moins à l'Européen.

N'oublions pas que l'auteur de l'*Esprit des Lois* a

dit : « La culture des terres est le plus grand tra-
« vail des hommes ; plus le climat les porte à fuir
« ce travail, plus la religion et les lois doivent y
« exciter. » (Livre XIV, chapitre 6.)

Ainsi, les lois et la religion doivent sanctionner les mesures coercitives employées pour obtenir du nègre qu'il se rende utile, lorsque ces mesures sont les seules efficaces, et lorsque surtout elles n'entraînent ni dégradation ni infamie. En effet, le marin qui a reçu cinquante coups de garcettes, le soldat anglais à qui on a infligé cinq cents coups de martinet sont-ils pour cela déchus de leurs droits de citoyens ? Il y a plus. Ouvrons le Code pénal français. Le vol, avec les circonstances aggravantes, est puni des travaux forcés : peine afflictive et infamante qui perd l'avenir d'un citoyen. Eh bien ! dans le Code du possesseur d'esclaves, un crime semblable n'appelle sur son auteur que l'application de quelques coups de fouet, ou une condamnation à quelques jours de séquestration.

CHAPITRE XVII.

DE LA FORCE D'INERTIE.

Nous devons signaler au gouvernement de la métropole, avec toute la bonne foi et toute l'expérience dont nous sommes capables, l'écueil inévitable contre lequel iront échouer toutes les belles théories sur la continuation du travail après l'émancipation. Cet écueil est *la force d'inertie*.

On nous demandera peut-être comment on peut d'avance prédire au gouvernement un naufrage, lorsqu'il est éclairé par l'exemple de l'Angleterre, et plus encore par celui du maître, dont il a étudié l'administration avant de se mettre à sa place. Nous répondrons que l'esclave et le maître naissent, vivent et meurent sous le même toit ; que chacun se rend compte de bonne heure de sa position respective, s'y assouplit insensiblement, et en remplit réciproquement les devoirs. Dans cette communauté d'existence, de travaux, de besoins, se forme un lien sympathique qui unit à jamais ces deux destinées, de manière à n'en plus former qu'une.

L'esclave fournit son labeur et sa soumission, le maître sa protection et sa sollicitude. Les conditions de ce contrat tacite s'exécutent fidèlement, par la seule force de l'habitude, hors les cas cependant où il se rencontre dans la nature paresseuse du nègre une opposition tellement enracinée et systématique, que rien ne peut vaincre en lui le dégoût du travail (1).

(1) On a vu, sur certaines habitations, des nègres chez lesquels l'aversion pour le travail était tellement prononcée, que les récompenses, les exhortations, les châtiments restaient absolument sans effet. Qu'on ne s'imagine pas que ces récalcitrants eussent une organisation physique dont la faiblesse ne pouvait lutter contre les travaux de la terre. Loin de là, ils étaient robustes et forts; c'était chez eux une détermination arrêtée; et, plutôt que de s'en écarter, ils préféraient mettre fin à leur vie, dans l'espoir que la mort serait le *repos absolu*. Ces exemples se renouvellent surtout parmi les nègres nés en Afrique. Ils ont l'air de se soumettre au régime des ateliers pendant quatre ou cinq ans. Ils acquièrent un pécule, se procurent toutes les aises qui peuvent donner du prix à leur existence, et une fois parvenus à cette position, ils prennent le travail en horreur, ils déclarent nettement qu'ils ne feront plus rien, et finissent par se pendre, croyant, en mourant, retourner dans leur première patrie. Des faits semblables ne contrarient-ils pas cette tendance de l'homme à la perfectibilité si prônée de nos jours! Que les réformistes actuels nous expliquent, s'ils peuvent, cette énigme de l'homme, qui, après avoir goûté des bienfaits de la civilisation, aime mieux retourner, par le néant, à la barbarie.

Cette opposition se généraliserait, n'en doutons pas, si le gouvernement se mettait à la place du maître. Car, de sa part, la mesure la plus simple, l'acte le plus insignifiant, serait interprété par le nègre, toujours dans un sens favorable à son émancipation. « Les mesures de prudence, dit l'abbé de « Pradt, qui peuvent occuper ou frapper des Euro- « péens, discutant en liberté sur l'esclavage, ne sont « rien pour l'esclave......., il entend parler de « changement, d'attermoiement; lui qui n'entend « rien à tous ces ménagements, *n'y voit que l'affran- « chissement.* » (Tome Ier, page 276, *des Colonies.*)

Avec de telles convictions, pense-t-on qu'une fois, à tort ou à raison, que le nègre se sera cru, en sortant de la tutelle du maître, entièrement affranchi par l'intervention de la métropole, il veuille rien faire? Le gouvernement aura beau déployer un grand appareil de mesures coercitives, le nègre, fanatisé par de nouvelles idées d'indépendance, se rira des baïonnettes comme des réquisitoires du ministère public devenu son patron. On l'attachera à la glèbe, il croisera les bras, s'il ne prend la fuite, et y restera immobile. Qui triomphera de cette cessation calculée de tout mouvement? Quel souffle régénérateur viendra substituer la vie à cette mort fictive? On peut résister à la violence et à la force ouverte, subjuguer l'une et l'autre; mais qu'opposer à ces armes invisibles qui échappent à toute espèce de lutte: l'*apathie et la force d'inertie*? Comment chasser la paresse de ce dernier poste, où, fatiguée de coercition, elle finira par se retrancher? Il faudrait alors un miracle pour tirer le nègre de cette torpeur indéfinissable qui déconcertera les plus expérimentés, et de ce marasme moral, contre lequel ne pourront rien ni la force de la raison, ni la force du zèle, ni la force des lois, ni la force des armes. »

Ces réflexions feront peut-être sourire d'incrédulité MM. les abolitionistes. Cependant, nous croyons être ici l'homme de l'expérience et de la vérité. Qu'on appelle la politique des colons une politique surannée, étroite, intéressée et sans horizon; on ne pourra leur refuser d'avoir la longue pratique de ce qu'ils enseignent. Le système émancipateur est encore à l'état de théorie; on pourrait le comparer à ces machines à vapeur destinées à franchir, avec une merveilleuse rapidité, les distances, à triompher des tempêtes de l'Océan et de toutes les difficultés d'une navigation périlleuse, et qui, à peine lancées sur les flots, éclatent tout à coup, en entraînant dans un naufrage général le navire, la cargaison et les passagers. Sans avoir la portée des économistes grandioses que nous réfutons, il nous suffit d'avoir pu analyser leurs divers projets pour être convaincu qu'aucun d'eux ne satisfait le présent et ne garantit l'avenir colonial. Aucun d'eux ne comble l'abîme qui existera après la cessation du *travail forcé*. Il arrive quelquefois aux pygmées, en montant sur les épaules des géants politiques, de voir plus loin qu'eux dans les destinées d'un pays.

Les nègres peuvent à leur gré disposer d'eux-mêmes. C'est agir ou n'agir pas, vouloir ou ne vouloir pas travailler. « La nécessité de vivre rend le « prolétaire dépendant du capitaliste, a dit M. de « Lamennais (*Esclavage moderne*, page 32), *si dans « la bourse de celui-ci est la vie de celui-là.* » Il n'en est pas de même aux colonies, où le maître nourrit jusqu'à l'esclave qui ne veut rien faire. « Que « cette bourse se ferme, continue le même auteur, « que le salaire vienne à manquer à l'ouvrier, il « faudra qu'il meure, à moins de mendier, autre « servitude plus humiliante. » Chez nous, le nègre ne meurt pas de faim, et n'a jamais mendié. Comparez et réfléchissez sérieusement, ô vous ! qui, faisant abstraction du temps, des mœurs, des avantages, des compensations, vous préparez à vous-mêmes de lamentables déceptions, en voulant à tout prix la *réforme coloniale* !!!

CHAPITRE XVIII.

DE L'INSTRUCTION RELIGIEUSE ET DU PATRONAGE DES ESCLAVES.

Nous avons déjà répondu à l'ordonnance du 5 janvier dernier (1). Il ne nous reste plus qu'à la signaler comme attentatoire à la grande charte française, et déshonorante pour la magistrature coloniale.

Lorsqu'aux termes de l'article 5 du droit public des Français, chacun professe sa religion avec une égale liberté et obtient pour son culte la même protection, ce serait aux colonies qu'on viendrait imposer une *religion du bon plaisir*, sous peine d'amende. Ne sommes-nous pas Français aussi ? et d'où vient cette dérogation à la loi quand il s'agit de nous ? Nous concevons qu'il soit de la compétence du pouvoir administratif de prescrire l'ordre, la discipline, la modération dans le régime des ateliers; mais commander aux consciences, leur imposer

(1) Voir notre protestation adressée à M. le contre-amiral de Moges.

telle ou telle conviction, telle ou telle croyance, c'est abuser étrangement du droit du plus fort.

Quant au patronage des esclaves, on peut le considérer comme un nouvel enfantement du génie révolutionnaire de *quatre-vingt-treize*, ressuscité dans les journées de juillet 1830. C'est toujours le même système de nivellement qui signala cette époque néfaste ; c'est le maître dépouillé du prestige de ses vertus, et forcé de descendre de sa position, pour faire place à l'esclave, appuyé sur son patron comme Spartacus sur son glaive, avide de sang. Le maître est donc une de ces royautés imperceptibles dont il faut aussi, au temps où nous vivons, faire disparaître la trace. Eh bien ! consommez cette spoliation sur le colon malgré lui, malgré ses protestations. Ravissez-lui l'affection, l'obéissance de son esclave ; mais ce que vous ne pourrez lui enlever pour le faire tourner à votre propre avantage, ce sera ce prestige à l'aide duquel il maintenait l'ordre et le travail... Continuateurs de 93, vous serez fidèles à votre nature, vous ne produirez que l'anarchie !

Pour nous, magistrats qui connaissons la dignité de notre caractère et la sainteté de nos fonctions, ce n'est pas sans la douleur la plus profonde que nous avons vu le gouvernement imposer à notre zèle et à notre dévoûment cette mission inquisitoriale sur les habitations. Eh quoi ! n'avons-nous pas à remplir un ministère assez pénible en punissant les crimes et délits qui nous sont déférés, faut-il aller en quelque sorte les susciter, en accordant une protection légale au mensonge et à la vengeance ! La magistrat se verra en butte à la mauvaise humeur du mäître; aigri, vexé, ruiné; à son mauvais vouloir, qui lui refusera tout accès chez lui; à ses provocations, à ses insultes même, et sera réduit à *verbaliser*, comme l'huissier rudoyé à l'occasion d'une saisie, ou le gendarme victime de voies de fait ! Après, comment pourra-t-il s'entourer de la confiance générale et de ce respect public qui est la vie du sacerdoce judiciaire ?

Un écrivain qui appelle aussi la réforme de tous ses vœux et invite à s'y préparer (1) a osé dire que l'ordonnance du 5 janvier était *le dernier mot d'une sage philanthropie*.

Pour nous, nous croyons que c'est plutôt le premier mot d'une émancipation pertubatrice ; et ce premier mot en dit plus que tout le reste. Il vient de mettre au néant le système colonial tout entier. La loi du patronage a modifié le maître et l'esclave;

(1) *Note de M. Jules Lechevalier à ses compatriotes des colonies françaises.* — 15 juillet 1840.

ce n'est plus ni l'un ni l'autre ; les rôles sont intervertis : le maître a l'air d'être traité en esclave, l'esclave d'être traité en maître.

CHAPITRE XIX.

CONCLUSION.

Si nous sommes à la veille du jour où doivent tomber les dernières résistances au torrent qui entraine le monde vers un avenir inconnu, du moins nous rendra-t-on peut-être la justice de croire que notre langage est dépouillé de tout intérêt personnel, et que nous n'avons eu en vue que de laisser parler notre expérience et nos convictions. Nous le déclarons ici : l'incertitude et le doute n'ont jamais existé dans notre esprit, quand nous nous sommes exprimé sur les colonies.

Tout en nous courbant aussi sous cet invisible frein par lequel Dieu mène l'homme où il veut le conduire, nous restons frappé de la réalisation des prophéties sur certaines races. La postérité de Chanaan, celle d'Ismaël, celle de Jacob : le Nègre, l'Arabe et le Juif, subissent encore l'arrêt divin. Nous savons qu'il existe, après l'Ancien-Testament, une loi de grâce sous laquelle toutes les épreuves se consommeront. Mais le moment est-il arrivé ? Dieu se fait-il voir dans cette corruption des consciences et cette hésitation des opinions actuelles? Est-ce l'idée religieuse qui fait agir le sectaire fanatique de la Grande-Bretagne, son proche parent l'abolitioniste des États-Unis, qui, tous les deux, traînent servilement à leur remorque l'*humanitaire* de France? N'est-ce pas la barbarie africaine qu'ils viennent implanter en Amérique, et le sang des colons dont ils ont soif? Que viennent-ils susciter contre nous? La révolte, le poison, l'évasion, l'incendie, et nous n'aurions pas le droit de résister, de tous nos moyens et de toutes nos forces, à tant de fléaux réunis et conjurés! Ils veulent, disent-ils, éclairer les nègres? Qu'ils nous permettent de leur rappeler les paroles de Bernardin de Saint-Pierre: « Il ne faut pas confondre l'ignorance et l'erreur, comme font tous « les moralistes. L'ignorance est l'ouvrage de la « nature, et souvent un bienfait envers l'homme; « l'erreur est souvent le fruit de nos prétendues « sciences humaines, et est toujours un mal. Quoi « qu'en disent nos écrivains politiques, qui vantent « nos lumières actuelles, et qui leur opposent la « barbarie des siècles passés, ce ne sont pas des « ignorants qui ont mis alors à feu et à sang toute « l'Europe pour des disputes de religion. Des « ignorants se seraient tenus tranquilles. C'étaient

« des gens qui étaient dans l'erreur, qui vantaient « peut-être alors leurs lumières comme nous vantons aujourd'hui les nôtres, et à chacun desquels « l'éducation européenne avait inspiré cette erreur « de l'enfance : *Sois le premier.* » (*Études de la Nature*, tome III, pages 98 et 99.)

Nous le dirons en terminant, une seule pensée a dirigé notre plume : c'est l'ordre, la paix et le salut de notre pays que nous avons tâché de défendre. Nous n'avons rien exagéré dans le sens de nos opinions ; nous ne pourrions les sacrifier sans manquer de courage et de bonne foi. Mais si jamais le salut commun arrivait par des opinions et des principes contraires (ce dont nous doutons beaucoup), ce ne serait qu'à ce prix seulement que nous reconnaîtrions notre erreur.

www.ingramcontent.com/pod-product-compliance
Lightning Source LLC
LaVergne TN
LVHW020335230826
846091LV00003B/883

9782011793928